Manual de Técnicas de Exercício para Treinamento de Força

Sobre a NSCA

A National Strength and Conditioning Association (NSCA), um grupo educacional sem fins lucrativos, foi fundada em 1978 com o intuito de gerar e disseminar, a seus associados e ao público em geral, informações sobre treinamento de força e condicionamento. Iniciando com 76 associados, hoje possui mais de 30.000, em mais de 63 países, incluindo sedes internacionais no Japão, na China e no Reino Unido. A NSCA é amplamente reconhecida como um centro de intercâmbio de informações para pesquisa, teorias e práticas na área de treinamento de força e condicionamento.

O ponto fundamental da missão da NSCA é oferecer um elo entre o cientista no laboratório e o profissional da área. Trabalhando para encontrar aplicações práticas para novas descobertas em pesquisas sobre treinamento de força e condicionamento, a organização vem fomentando o desenvolvimento do treinamento de força e condicionamento como uma disciplina e uma profissão.

A NSCA oferece dois programas de credenciamento distintos. A credencial de Certified Strength and Conditioning Specialist (CSCS) é a certificação de escolha para profissionais que desenvolvem e implementam programas de força e condicionamento para atletas; e a credencial de NSCA-Certified Personal Trainer (CPT) é um programa de certificação ideal para aqueles que treinam indivíduos ativos e sedentários, em sessões individuais.

As certificações CSCS e NSCA-CPT são as únicas oficialmente reconhecidas nos Estados Unidos desde 1993 pela National Commission for Certifying Agencies, uma agência não governamental e sem fins lucrativos sediada em Washington, DC, que estabelece padrões nacionais para agências de certificação. Para receber uma dessas certificações internacionalmente reconhecidas, os candidatos devem ser aprovados em um rigoroso exame, administrado por uma empresa especializada independente. Até o momento, mais de 35.000 profissionais residindo em 59 países possuem uma ou ambas as credenciais da NSCA.

N277m   National Strenght and Conditional Association.
           Manual de técnicas de exercício para treinamento de força / National Strength and Conditional Association - NSCA ; tradução: Márcia dos Santos Dorneles ; revisão técnica: Ronei Silveira Pinto. – 2. ed. – Porto Alegre : Artmed, 2010.
           179 p. ; 28 cm + 2 DVDs

        Contém checklists com o passo a passo de 57 exercícios.
        ISBN 978-85-363-2384-8

           1. Educação física. 2. Esporte. 3. Exercícios físicos.
        I. Título.

CDU 796

Catalogação na publicação: Ana Paula M. Magnus - CRB-10/Prov-009/10

NSCA – National Strength and Conditioning Association

Manual de Técnicas de Exercício para Treinamento de Força

2ª Edição

Checklists com o passo a passo de 57 exercícios

Tradução:
Márcia dos Santos Dorneles

Consultoria, supervisão e revisão técnica
Ronei Silveira Pinto
Professor da Escola de Educação Física da Universidade Federal do Rio Grande do Sul
Doutor em Ciências do Desporto pela Universidade Técnica de Lisboa, Portugal

2010

Obra originalmente publicada sob o título
Technique Manual for Resistance Training, 2nd Edition.
ISBN 978-0-7360-7127-7
Copyright © 2008 by the National Strenght and Conditioning Association
All rights reserved. Except for use in a review, the reproduction or utilization of this work in any
form or by any electronic, mechanical, or other means, now known or hereafter invented, including xerography,
photocopying, and recording, and in any information storage and retrieval system, is forbidden without
the written permission of the publisher.

Capa
Mário Röhnelt

Preparação de original
Fábio Bortolazzo Pinto

Leitura final
Grasielly Hanke Angeli

Editora sênior – Biociências:
Cláudia Bittencourt

Editora responsável por esta obra:
Laura Ávila de Souza

Projeto e editoração:
AGE – Assessoria Gráfica e Editorial Ltda.

Reservados todos os direitos de publicação em língua portuguesa à
ARTMED® EDITORA S.A. (Bookman® Companhia Editora
é uma divisão da Artmed® Editora S.A.)
Av. Jerônimo de Ornelas, 670 – Santana
90040-340 – Porto Alegre, RS, Brasil
Fone: (51) 3027-7000 Fax: (51) 3027-7070

É proibida a duplicação ou reprodução deste volume, no todo ou em parte,
sob quaisquer formas ou por quaisquer meios (eletrônico, mecânico, gravação,
fotocópia, distribuição na *Web* e outros), sem permissão expressa da Editora.

SÃO PAULO
Av. Embaixador Macedo Soares, 10.735 – Pavilhão 5 – Cond. Espace Center
Vila Anastácio – 05095-035 – São Paulo – SP
Fone: (11) 3665-1100 Fax: (11) 3667-1333

SAC 0800 703-3444

IMPRESSO NO BRASIL
PRINTED IN BRAZIL

Prefácio

O *Manual de técnicas de exercício para treinamento de força*, segunda edição, constitui um excelente material didático para profissionais da área de força e condicionamento, instrutores de condicionamento físico e *personal trainers* que utilizam exercícios de força em seus próprios programas ou no treinamento de outras pessoas. Para professores e estudantes, este livro e seus DVDs (em inglês) complementam as aulas práticas e auxiliam no ensino das técnicas de exercício sem a necessidade de uso de uma sala de musculação.

São descritas, no formato de *checklists*, as técnicas adequadas para 37 exercícios com pesos livres e 20 exercícios em equipamentos. As descrições identificam os principais grupos musculares envolvidos, bem como a empunhadura, a posição dos pés e do corpo e a amplitude de movimento corretas para cada exercício. Além disso, também são fornecidas descrições de ações articulares, sugestões de técnicas de auxílio e dicas para evitar lesões.

Embora as descrições das técnicas de exercício sejam feitas por especialistas, nenhuma pessoa deve tentar executar um novo exercício sem a supervisão de um profissional. Também é recomendado que qualquer pessoa que deseje ingressar em um programa de exercícios consulte antes um médico.

Este manual será especialmente útil àqueles que estão se preparando para os exames de Certified Strength and Conditioning Specialist (CSCS) ou de NSCA-Certified Personal Trainer (CPT). Para mais informações sobre outros materiais preparatórios para os exames de CSCS ou NSCA-CPT, contate gratuitamente a NSCA pelo número 800-815-6826 (ou 719-632-6722 para chamadas de fora dos Estados Unidos) ou acesse www.nsca-lift.org.

Menu dos DVDs*

INTRODUÇÃO

Perspectiva geral sobre técnicas de exercício
Orientações sobre a posição corporal preparatória e o levantamento
Orientações sobre técnicas de auxílio
Posição de contato corporal de cinco pontos
Recomendações sobre o uso do cinto para treinamento de força
Recomendações sobre a respiração
Materiais de referência adicionais

TODO O CORPO

Exercícios de potência

Músculos motores primários
Arranque
"Metida ao peito"
Levantamento em suspensão
Desenvolvimento e arremesso desenvolvido com barra

REGIÃO INFERIOR DO CORPO

Exercícios poliarticulares para os quadris e as coxas

Músculos motores primários
Agachamento frontal
Agachamento dorsal
Agachamento em equipamento
Levantamento-terra
Pressão de pernas 45°
Pressão de pernas horizontal (em equipamento)
Passada à frente em banco
Passada à frente

Exercícios monoarticulares para os quadris e as coxas

Músculos motores primários
Levantamento-terra com os joelhos estendidos
Flexão e extensão da coluna com barra
Extensão dos joelhos (em equipamento)
Flexão dos joelhos deitado (em equipamento)
Flexão dos joelhos sentado (em equipamento)

Exercícios monoarticulares para as panturrilhas

Músculos motores primários
Flexão plantar sentado
Flexão plantar em pé

REGIÃO SUPERIOR DO CORPO

Exercícios poliarticulares para o peitoral

Músculos motores primários
Supino reto com barra
Supino inclinado com barra
Crucifixo
Crucifixo inclinado
Supino reto (Smith Machine)
Supino vertical (em equipamento)
Mergulho (em equipamento)

Exercícios monoarticulares para o peitoral

Músculos motores primários
Voador direto (em equipamento)
Crucifixo com halteres
Crucifixo inclinado com halteres

Exercícios poliarticulares para as costas

Músculos motores primários
Puxada pela frente (em equipamento)
Remada curvada
Serrote com haltere
Remada sentado com roldana baixa (em equipamento)
Remada sentado (em equipamento)

Exercícios monoarticulares para as costas

Músculos motores primários
Pullover com barra

Exercícios poliarticulares para os ombros

Músculos motores primários
Desenvolvimento (em equipamento)
Desenvolvimento sentado com barra
Desenvolvimento sentado com halteres
Remada vertical

Exercícios monoarticulares para os ombros

Músculos motores primários
Extensão do ombro à frente
Extensão dos ombros
Extensão dos ombros (em equipamento)
Extensão dos ombros com o tronco inclinado
Elevação dos ombros com barra

Exercícios monoarticulares para a região anterior do braço

Músculos motores primários
Rosca bíceps com barra
Rosca bíceps com halteres
Rosca bíceps com halteres (neutra)
Rosca bíceps com roldana baixa (em equipamento)
Rosca bíceps (em equipamento)

Exercícios monoarticulares para a região posterior do braço

Músculos motores primários
Rosca tríceps deitado com barra
Rosca tríceps acima da cabeça sentado
Rosca tríceps (em equipamento)

Exercícios monoarticulares para os antebraços

Músculos motores primários
Rosca punho direta
Rosca punho invertida

ABDOME

Exercícios abdominais

Músculos motores primários
Abdominais com os joelhos flexionados
Abdominais parciais

Créditos e informações adicionais

---

* Este menu foi traduzido para auxiliar o leitor. Os DVDs que acompanham o livro estão em inglês.

Sumário

TODO O CORPO 15

Exercícios de potência e explosivos 17
Arranque 18
"Metida ao peito" 22
Levantamento em suspensão 26
Desenvolvimento (e arremesso
desenvolvido com barra) 29

REGIÃO INFERIOR DO CORPO 33

Exercícios (poliarticulares) para os quadris e as coxas 35
Agachamento frontal 36
Agachamento dorsal 40
Agachamento em equipamento 44
Levantamento-terra 46
Pressão de pernas 45° (em equipamento) 48
Pressão de pernas horizontal (em equipamento) 50
Passada à frente em banco 52
Passada à frente 55

Exercícios (monoarticulares) para os quadris e as coxas 59
Levantamento-terra com os joelhos estendidos 60
Flexão e extensão da coluna com barra 62
Extensão dos joelhos (em equipamento) 64
Flexão dos joelhos deitado (em equipamento) 66
Flexão dos joelhos sentado (em equipamento) 68

Exercícios (monoarticulares) para as panturrilhas ... 71
Flexão plantar sentado (em equipamento) 72
Flexão plantar em pé (em equipamento) 74

REGIÃO SUPERIOR DO CORPO 77

Exercícios (poliarticulares) para o peitoral 79
Supino reto com barra 80
Supino inclinado com barra 83
Crucifixo 86
Crucifixo inclinado 89
Supino reto (*Smith Machine*) 92
Supino vertical (em equipamento) 94
Mergulho (em equipamento) 96

Exercícios (monoarticulares) para o peitoral 99
Voador direto (em equipamento) 100
Crucifixo com halteres 102
Crucifixo inclinado com halteres 105

Exercícios (poliarticulares) para as costas 109
Puxada pela frente (em equipamento) 110
Remada curvada 112
Serrote com halter 114
Remada sentado na roldana baixa
(em equipamento) 116
Remada sentado (em equipamento) 118

Exercícios (monoarticulares) para as costas 121
Pullover com barra 122

Exercícios (poliarticulares) para os ombros 125
Desenvolvimento (em equipamento) 126
Desenvolvimento sentado com barra 128
Desenvolvimento sentado com halteres 131
Remada vertical 134

Exercícios (monoarticulares) para os ombros 137
Flexão do ombro 138
Elevação lateral 140
Elevação lateral (em equipamento) 142
Crucifixo invertido com o tronco inclinado . 144
Encolhimento dos ombros com barra 146

Exercícios (monoarticulares) para a região anterior do braço 149
Rosca bíceps com barra 150
Rosca bíceps com halteres 152
Rosca bíceps com halteres (neutra) 154
Rosca bíceps na roldana baixa (em equipamento) 156
Rosca bíceps (em equipamento) 158

Exercícios (monoarticulares) para a região posterior do braço 161
Rosca tríceps deitado com barra 162
Rosca tríceps acima da cabeça sentado 165
Rosca tríceps (em equipamento) 167

Exercícios (monoarticulares) para os antebraços ... 169
Rosca punho direta 170
Rosca punho invertida 172

ABDOME 175

Exercícios abdominais 177
Abdominais com os joelhos flexionados 178
Abdominais parciais 179

Introdução

Este manual descreve a técnica adequada para 37 exercícios com pesos livres e 20 exercícios em equipamentos, classificados nos seguintes grupos:

- Potência e explosivos (para todo o corpo)
- Quadris e coxas (poliarticulares e monoarticulares)
- Panturrilhas (monoarticulares)
- Peitoral (poliarticulares e monoarticulares)
- Costas (poliarticulares e monoarticulares)
- Ombros (poliarticulares e monoarticulares)
- Região anterior do braço (monoarticulares)
- Região posterior do braço (monoarticulares)
- Antebraço (monoarticulares)
- Abdome

Os exercícios também são demonstrados nos DVDs que acompanham este livro, e ícones indicam qual dos dois DVDs demonstra os exercícios de cada seção.

Os exercícios poliarticulares envolvem duas ou mais articulações que alteram os ângulos durante a execução de uma repetição (p. ex., as articulações dos quadris, dos joelhos e dos tornozelos durante a "metida ao peito"). Os exercícios monoarticulares permitem o movimento em somente uma articulação durante uma repetição (p. ex., as articulações dos cotovelos durante o exercício rosca bíceps). Para os propósitos deste livro, as articulações da cintura escapular são combinadas com a articulação do ombro verdadeira (glenoumeral) e, portanto, tratadas como uma articulação única. Por exemplo, os exercícios *pullover* com barra e extensão dos ombros são classificados como movimentos monoarticulares, apesar do óbvio envolvimento de várias articulações da cintura escapular, além da articulação glenoumeral. Ademais, apenas os músculos predominantes são informados. Embora muitos outros músculos possam auxiliar durante o exercício ou funcionar como estabilizadores, eles não são incluídos nas tabelas de envolvimento muscular.

Cada descrição de exercício neste manual traz detalhes sobre os seguintes aspectos:

- Tipo de exercício (i.e., poliarticular ou monoarticular)
- Descrição da ação concêntrica do movimento
- Grupo muscular ou região corporal afetada
- Grupos musculares e músculos predominantes envolvidos
- Orientações para a técnica de exercício adequada listadas na ordem a ser seguida
- Exercícios que requerem um auxiliar (marcados com uma ✋)

Orientações sobre técnicas de auxílio

Os movimentos de exercício que requerem o auxílio de outra pessoa atendem a estes critérios:

- Uma barra ou halteres movidos acima da cabeça ou do rosto.
- Uma barra posicionada nas costas ou no pescoço ou colocada em um *rack* em frente aos joelhos ou em frente às clavículas.

Exercícios de potência e explosivos *não* são auxiliados por outra pessoa. Quando se tem um auxiliar, o levantador deve combinar com ele, *antes* de iniciar uma série, quais sinais serão utilizados para levantar ou abaixar a barra até o *rack*, assim como a carga desejada e o método de auxílio.

Recomendações gerais de segurança

Siga estas normas de procedimento para garantir uma técnica de exercício segura:

- Execute os exercícios de potência e explosivos em uma área limpa, seca, plana, bem demarcada (p. ex., em uma plataforma de levantamento) e livre de obstáculos e pessoas. Essa diretriz também pode ser aplicada a outros exercícios complexos, como a passada à frente, o levantamento-terra e a passada à frente em banco. (Observação: Alguns fotógrafos de exercícios de potência mostram a pessoa de pé, voltada para um dos lados – com rotação de 90 graus – sobre a plataforma de levantamento. Essa posição é utilizada *somente* para capturar a foto do exercício. A posição correta é onde as anilhas são colocadas nas partes emborrachadas da plataforma, e não nas partes de madeira.)
- Se uma repetição em um exercício de potência e explosivo não puder ser completada, empurre a barra para a frente para projetar o corpo para trás e deixar a barra cair ao solo. **Não tente "salvar" uma repetição perdida ou falha desse tipo de exercício.**
- Antes de executar exercícios que terminam com a barra acima da cabeça, verifique se o pé-direito da sala é alto o suficiente.
- Utilize uma barra com luvas roscadas, especialmente para os exercícios de potência e explosivos.
- Use um *rack* de agachamento ou de levantamento com os pinos ou ganchos de sustentação fixos para posicionar a barra na altura das axilas, tanto para os agachamentos frontais como para os dorsais. Use o mesmo ajuste quando preferir iniciar ou finalizar um exercício com a barra na altura dos ombros e não no solo.
- Ao levantar a barra dos pinos ou dos ganchos de sustentação de um *rack* de levantamento em preparação para um exercício, sempre dê um passo para *trás* no *início* da série e um passo para a *frente* no *final* da série. **Não caminhe para trás para recolocar a barra no *rack*.**
- Sempre use as presilhas e travas para fixar as anilhas na barra.
- Para os exercícios em equipamentos, insira completamente o pino selecionado (geralmente na forma de L ou T) na pilha de pesos.

Orientações sobre a posição corporal preparatória e o levantamento

Muitas vezes um levantador precisa levantar uma barra ou os halteres do solo antes de se colocar na posição inicial de um exercício (p. ex., remada curvada, rosca bíceps, supino ou crucifixo reto ou inclinado com halteres, remada vertical, rosca tríceps deitado com barra, levantamento-terra com os joelhos estendidos). Para evitar sobrecarga na região lombar, posicione o corpo corretamente para levantar o peso com segurança e eficácia.

Primeiro, posicione corretamente os pés em relação à barra ou aos halteres e empunhe os pega-mãos da barra ou dos halteres:

- Agache atrás da barra ou entre os halteres.
- Afaste os pés a uma distância entre a largura dos quadris e a dos ombros.
- Se for levantar a barra, posicione-a próxima das pernas e acima da parte central do dorso dos pés e agarre-a com uma empunhadura fechada, na largura dos ombros (ou um pouco mais ampla).
- Se for levantar os halteres, fique ereto diretamente entre eles e agarre os pega-mãos com uma empunhadura fechada e uma posição neutra dos braços ou das mãos.
- Posicione os braços do lado de fora dos joelhos, com os cotovelos estendidos.

Siga estes seis passos para colocar o corpo na posição preparatória correta *antes* de levantar um peso do solo. As orientações a seguir também descrevem como o corpo deve ser posicionado imediatamente antes da primeira repetição de um exercício de potência (p. ex., arranque, "metida ao peito"):

1. As costas devem ficar eretas ou levemente arqueadas.
2. O trapézio deve ficar relaxado e levemente alongado; o peito, para cima e para fora; e as escápulas devem ficar juntas.
3. A cabeça deve ficar, alinhada com a coluna ou levemente hiperestendida.
4. O peso do corpo deve ser equilibrado entre o centro e a frente dos pés, mas os calcanhares ficam em contato com o solo.
5. Os ombros devem permanecer acima ou ligeiramente à frente da barra.
6. O olhar deve dirigir-se à frente ou levemente para cima.

Para evitar repetições frequentes, as descrições de muitos dos 57 exercícios deste manual referem-se a essa lista de seis instruções como "orientações sobre a posição corporal preparatória e o levantamento", mas a lista completa não é fornecida para cada exercício.

Recomendações sobre o uso do cinto para treinamento de força

O uso de um cinto para treinar força pode evitar lesões no treinamento. Sua adequabilidade baseia-se no tipo de exercício *e* na carga relativa levantada. É mais apropriado usar um cinto nas seguintes situações:

- Durante exercícios que sobrecarreguem a região lombar (p. ex., agachamento dorsal, agachamento frontal, levantamento-terra).
- Durante séries com cargas submáximas ou máximas.

Ambas as condições devem existir; não é necessário, por exemplo, usar um cinto para treinamento de peso ao levantar cargas mais leves, mesmo quando se executa um exercício que sobrecarregue a região lombar. Essa estratégia pode reduzir o risco de lesões na lombar, mas somente quando combinada com a técnica de exercício correta e o auxílio adequado. Note que algumas pessoas podem sofrer um aumento da pressão arterial em consequência do uso do cinto. A elevação da pressão arterial está associada a tontura e fadiga e pode resultar em dores de cabeça, desmaios ou lesões. Além disso, recomenda-se às pessoas hipertensas ou com qualquer outro problema cardiovascular que não usem cinto para treinamento de força, pois seu uso poderia levar a um ataque cardíaco ou a um acidente vascular cerebral (AVC).

Orientações sobre a respiração

A melhor orientação geral sobre a respiração adequada durante um exercício de força é expirar até o ponto crítico da fase concêntrica (de esforço), ou ponto de maior sobrecarga (a parte mais difícil do exercício), e inalar durante a parte mais fácil do exercício (fase excêntrica). O ponto crítico ocorre normalmente logo depois da transição da fase excêntrica para a concêntrica. Por exemplo: o ponto crítico do exercício de supino com pesos livres ocorre mais ou menos na metade da fase de movimento ascendente. Nesse ponto, o levantador deve expirar ao longo dessa porção do movimento. À medida que a barra é abaixada até o tórax, o levantador deve inspirar. Essa estratégia de respiração aplica-se a quase todos os exercícios para treinamento de força.

Para mais orientações sobre a respiração, incluindo a forma de executar a manobra de Valsalva, consulte a obra *Fundamentos do Treinamento de Força e do Condicionamento* ou a *NSCA's Essentials of Personal Training*.

TODO O CORPO

Exercícios de potência e explosivos

TODO O CORPO

DVD 1

Nome	Descrição da ação concêntrica	MÚSCULOS PREDOMINANTES ENVOLVIDOS	
		Grupo muscular ou região corporal	Músculos
Arranque	Extensão dos quadris	Glúteos	Glúteo máximo
		Isquiotibiais	Semimembranáceo Semitendíneo Bíceps do fêmur
	Extensão dos joelhos	Quadríceps	Vasto lateral Vasto intermédio Vasto medial Reto da coxa
	Flexão plantar	Panturrilhas	Sóleo Gastrocnêmio
	Flexão e abdução dos ombros	Ombros	Deltoide (partes clavicular e acromial)
	Elevação da cintura escapular	Região superior dos ombros e região dorsal	Trapézio (parte descendente)
	Extensão dos cotovelos	Braço (região posterior)	Tríceps braquial
"Metida ao peito"	Os mesmos do arranque, porém a ação concêntrica não inclui a extensão dos cotovelos		
Levantamento em suspensão	Os mesmos do arranque, porém a ação concêntrica não inclui a extensão dos cotovelos		
Desenvolvimento	Os mesmos do arranque, exceto pelo fato de que há maior flexão e abdução dos ombros (partes clavicular e acromial do deltoide) e maior extensão dos cotovelos (tríceps braquial)		
Arremesso desenvolvido com barra	Os mesmos do arranque		

Arranque

A partir da posição inicial, este exercício envolve levantar a barra acima da cabeça com os cotovelos totalmente estendidos – tudo em um só movimento. Embora a fase de movimento ascendente consista em quatro fases distintas, o movimento ascendente da barra ocorre em um movimento *contínuo*.

Posição inicial

- ☐ Na posição ereta, afaste os pés a uma distância entre a largura dos quadris e a dos ombros e aponte-os ligeiramente para fora, de forma que os joelhos fiquem diretamente acima dos pés.
- ☐ Agache-se, mantendo os quadris mais baixos do que os ombros, e agarre a barra de forma equilibrada, com uma empunhadura pronada. A posição das mãos na barra é mais ampla do que para outros exercícios. Pode-se estimá-la medindo a distância da extremidade das articulações dos dedos com a mão fechada de um braço estendido lateralmente e paralelo ao solo, pela parte posterior do braço e da região dorsal, até a extremidade externa do ombro oposto. Alternativamente, pode-se estimar a largura da empunhadura do levantador medindo a distância entre os cotovelos quando os braços são abduzidos lateralmente e paralelamente ao solo. Essa distância é o espaço entre as mãos ao empunharem a barra. Se necessário, pode-se modificar esse espaçamento dependendo da flexibilidade dos ombros e do comprimento dos braços. A empunhadura efetiva pode ser a fechada ou a em gancho. Para usar uma empunhadura em gancho, coloque uma mão pronada sobre a barra e primeiro posicione o polegar contra a barra, depois os demais dedos. O primeiro ou os dois primeiros, dependendo do seu comprimento, encobrirão o polegar. Essa empunhadura é efetiva

Medida da empunhadura: da mão fechada até o ombro oposto

Medida da empunhadura: cotovelo a cotovelo

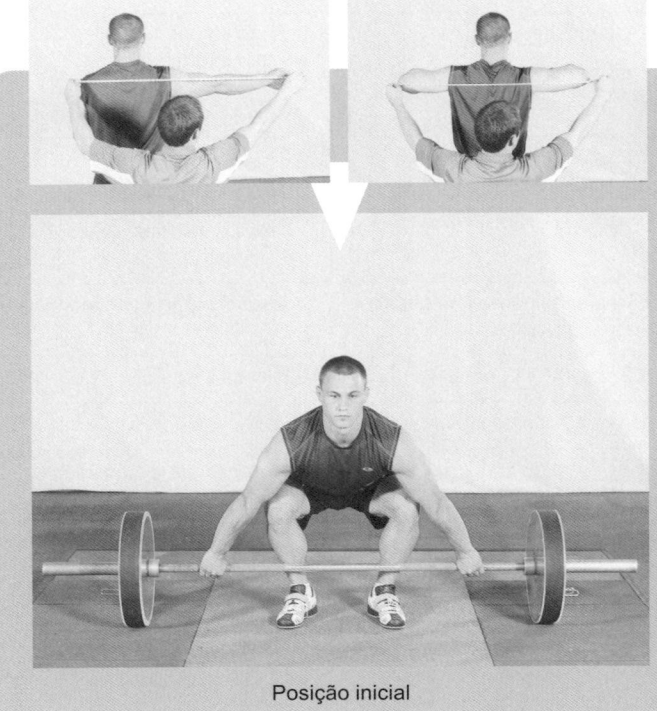

Posição inicial

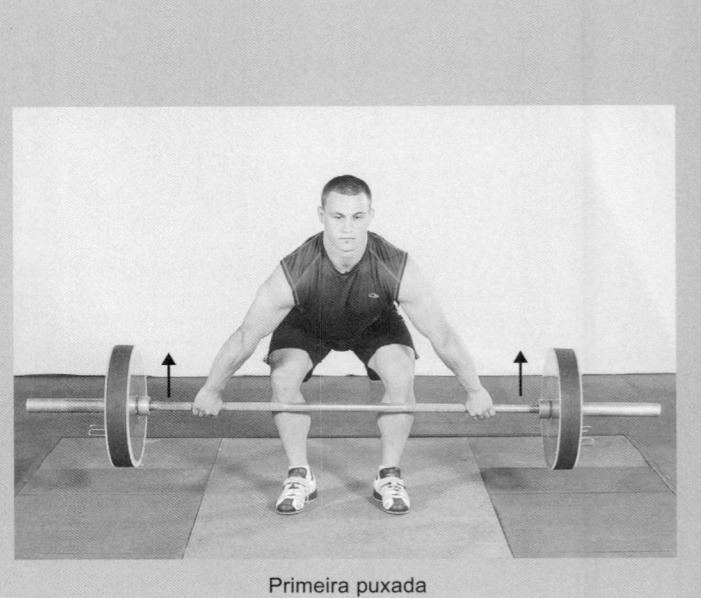

Primeira puxada

EXERCÍCIOS DE POTÊNCIA E EXPLOSIVOS ■ 19

para levantar cargas máximas ou submáximas, mas pode ser desconfortável inicialmente. Enrolar os polegares com fita atlética aliviará a pressão ao utilizar a empunhadura em gancho.

☐ Posicione os braços do lado de fora dos joelhos, com os cotovelos totalmente estendidos e apontados lateralmente para fora.

☐ Posicione a barra aproximadamente 3 cm à frente das pernas e acima da parte central do dorso dos pés.

☐ Antes de iniciar o levantamento, observe as orientações sobre a posição corporal preparatória e o levantamento (ver Introdução) a fim de posicionar corretamente o corpo para levantar a barra do solo. Todas as repetições partem dessa posição.

☐ As posições exatas do tronco, dos quadris, dos joelhos e da barra dependem do comprimento dos segmentos corporais e da flexibilidade articular da região inferior do corpo do indivíduo. Uma pessoa não flexível que tente se colocar na posição inicial correta do arranque pode ter dificuldade para agarrar a barra com os cotovelos estendidos e, ao mesmo tempo, manter os calcanhares no solo. Se a posição corporal preparatória não puder ser alcançada, a empunhadura em gancho é uma alternativa porque não requer que o levantador inicie com a barra no solo, e, sim, acima dos joelhos.

Primeira puxada

É a porção da fase de movimento ascendente que inicia quando a barra deixa o solo e vai até o ponto em que fica logo acima dos joelhos.

☐ Comece o exercício estendendo vigorosamente os quadris e os joelhos. Essas articulações devem ser estendidas na mesma velocidade para manter o ângulo das costas e do tronco constante em relação ao solo. Não permita que os quadris se elevem antes ou mais rápido do que os ombros. Manter as costas retas (ou levemente arqueadas) enquanto se desloca lentamente o ponto de equilíbrio do centro dos pés para os calcanhares ajuda a manter o tronco em um ângulo consistente.

Transição Final da segunda puxada Agarre

- ☐ Os cotovelos ainda devem estar totalmente estendidos; a cabeça, neutra em relação à coluna vertebral; e os ombros, acima ou ligeiramente à frente da barra.
- ☐ À medida que a barra é levantada, ela deve ser mantida o mais próximo possível das pernas. Transferir lentamente o peso corporal de volta para os calcanhares enquanto a barra é levantada promoverá uma trajetória adequada da barra.

Transição

É a porção da fase de movimento ascendente em que os joelhos e as coxas se movem para a frente sob a barra.

- ☐ À medida que a barra é elevada até logo acima dos joelhos, empurre os quadris para a frente e, lentamente, flexione um pouco mais os joelhos para mover as coxas contra a barra e os joelhos sob ela.
- ☐ Durante essa segunda flexão dos joelhos, o peso do corpo é transferido para a frente, para a metade dianteira dos pés, mas os calcanhares permanecem em contato com o solo.
- ☐ Mantenha as costas retas ou levemente arqueadas; os cotovelos totalmente estendidos e apontados lateralmente para fora; e a cabeça alinhada com a coluna vertebral.
- ☐ Os ombros ainda devem estar acima da barra, embora tendam a projetar-se para trás à medida que a barra passa pelos joelhos e pelas coxas. O corpo fica na "posição de potência" no final desta fase.

Segunda puxada (fase de potência)

É o movimento ascendente a partir da posição de potência, com a barra nas coxas e próxima ao corpo até o ponto em que as articulações da região inferior do corpo ficam totalmente estendidas e a barra alcança sua velocidade máxima.

- ☐ A barra deve estar próxima ou em contato com a parte dianteira das coxas, acima dos joelhos. Inicie um rápido movimento de salto para cima estendendo rapidamente os quadris, joelhos e tornozelos. Note que a extensão dos tornozelos aqui (e nas descrições de todos os exercícios de potência) se refere à flexão plantar.
- ☐ A barra deve passar o mais próximo possível do corpo.
- ☐ Mantenha a posição do tronco com as costas retas ou levemente arqueadas, os cotovelos apontados lateralmente para fora e a cabeça alinhada com a coluna vertebral.
- ☐ Mantenha os ombros acima da barra e os cotovelos estendidos o máximo possível enquanto os quadris, joelhos e tornozelos são estendidos.
- ☐ À medida que as articulações da região inferior do corpo são totalmente estendidas, eleve rapidamente os ombros. Os cotovelos devem estar estendidos e apontados lateralmente para fora durante o movimento de elevação dos ombros.
- ☐ Quando os ombros alcançarem sua elevação máxima, flexione os cotovelos para começar a puxar o corpo sob a barra. Os movimentos da região superior do corpo são similares ao exercício de remada vertical, porém com uma empunhadura mais ampla. Os cotovelos se movem lateralmente para cima e para fora.
- ☐ Continue a puxar com os braços o mais alto e estendido possível.
- ☐ Devido ao esforço da região inferior do corpo para saltar e da região superior para puxar, o tronco ficará ereto ou hiperestendido; a cabeça, inclinada levemente para trás; e os pés podem perder contato com o solo.

Agarre

É o ato de receber a barra na posição acima da cabeça.

☐ Assim que a região inferior do corpo estiver totalmente estendida e a barra alcançar a altura submáxima, o corpo é tracionado sob a barra, rotando-se os braços e as mãos ao redor e abaixo dela, e flexionando-se os quadris e os joelhos até aproximadamente a posição de um quarto de agachamento.
☐ Normalmente, os pés voltam a ficar planos no solo, porém, um pouco mais afastados e com as pontas voltadas um pouco mais para fora do que na posição inicial.
☐ Quando os braços estiverem sob a barra, estenda os cotovelos rapidamente para empurrar a barra para cima e o corpo para baixo sob a barra.
☐ A barra deve ser sustentada acima e ligeiramente atrás da cabeça com
  - os cotovelos totalmente estendidos,
  - o tronco ereto e rígido,
  - a cabeça na posição neutra,
  - os pés planos no solo e
  - o peso do corpo transferido para o centro dos pés.
☐ O ideal é que a posição de um quarto de agachamento seja alcançada com os cotovelos estendidos assim que a barra atingir a sua altura máxima.
☐ Adquiridos o controle e o equilíbrio, coloque-se em pé, estendendo os quadris e os joelhos até a posição totalmente ereta.

Movimento descendente

☐ Se forem utilizadas anilhas revestidas de borracha, a barra pode ser retornada ao solo com uma descida controlada; o balanço das anilhas deve ser controlado com as mãos sobre a barra ou próximas dela.
☐ É muito comum abaixar a barra lentamente da posição acima da cabeça, reduzindo gradativamente a tensão muscular da região superior do corpo para permitir sua descida controlada até as coxas. Os quadris e os joelhos são simultaneamente flexionados para amortecer o impacto da barra sobre as coxas. A barra é então abaixada, acompanhada de agachamento até ela tocar o solo.
☐ Reposicione a barra e o corpo para a próxima repetição, se for o caso.

"Metida ao peito"

Este exercício é similar ao arranque, porém, com duas diferenças principais:

1. A posição final da barra é sobre os ombros, e não acima da cabeça.
2. A empunhadura é aproximadamente na largura dos ombros, enquanto a do arranque é consideravelmente mais ampla.

Devido às muitas semelhanças, a descrição da técnica da "metida ao peito" é um pouco mais breve, com ênfase nos aspectos únicos deste exercício em comparação ao arranque.

Posição inicial

☐ Na posição ereta, afaste os pés a uma distância entre a largura dos quadris e a dos ombros e aponte-os ligeiramente para fora, de forma que os joelhos fiquem alinhados diretamente acima dos pés.
☐ Agache-se, mantendo os quadris mais baixos do que os ombros, e agarre a barra de forma equilibrada, com uma empunhadura pronada na largura dos ombros (ou ligeiramente mais ampla).
☐ Posicione os braços do lado de fora dos joelhos, com os cotovelos totalmente estendidos e apontados lateralmente para fora.

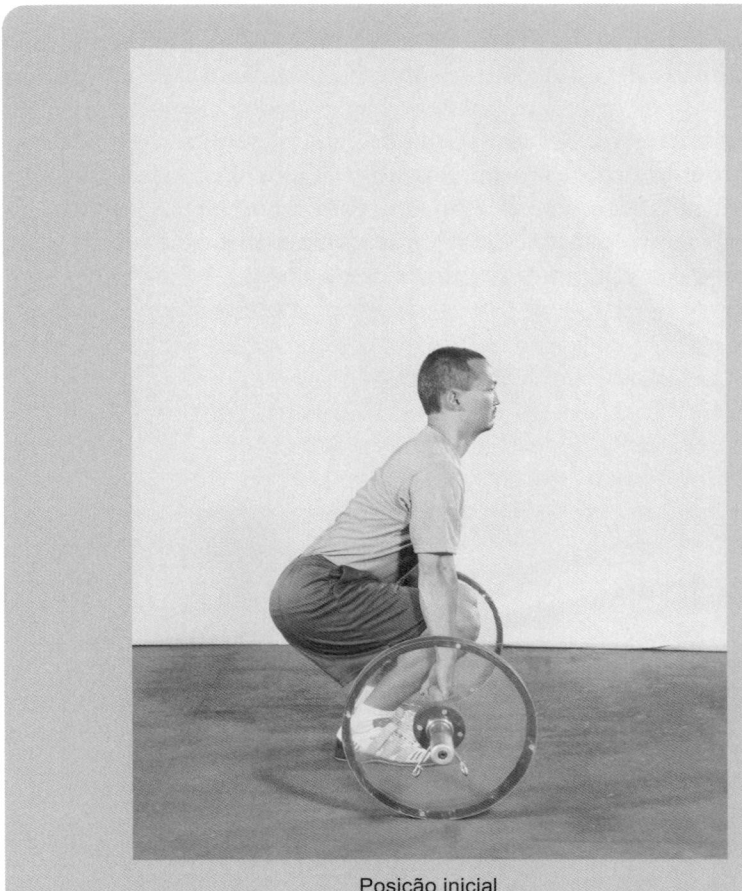
Posição inicial

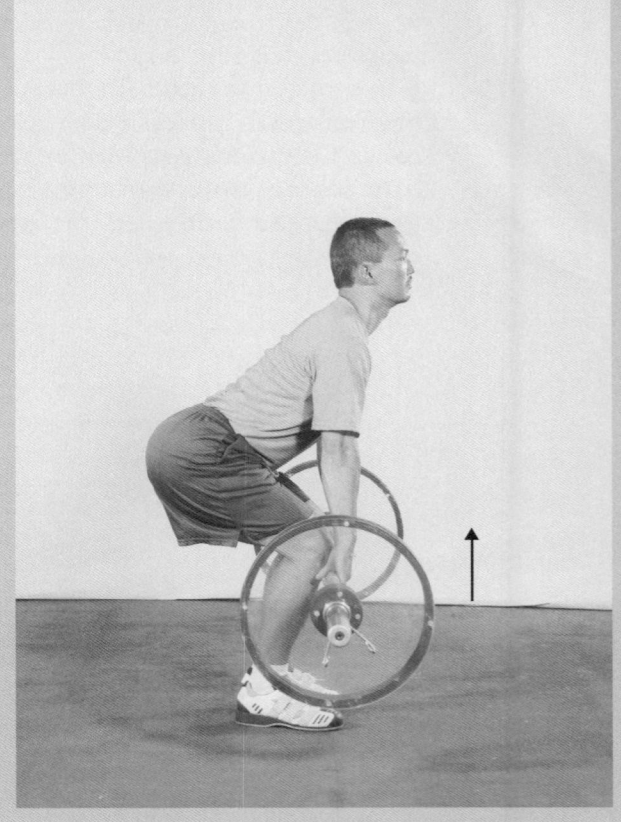
Primeira puxada

- ☐ Posicione a barra aproximadamente 3 cm à frente das pernas e acima da parte central do dorso dos pés.
- ☐ Antes de iniciar o levantamento, observe as orientações sobre a posição corporal preparatória e o levantamento (ver Introdução), a fim de posicionar corretamente o corpo para levantar a barra do solo. Todas as repetições partem dessa posição.
- ☐ As posições exatas do tronco, dos quadris, dos joelhos e da barra dependem do comprimento dos segmentos corporais e da flexibilidade articular da região inferior do corpo do indivíduo. Um exercício alternativo é o levantamento em suspensão (ver p. 26), que começa com a barra logo acima dos joelhos, e não no solo.

Primeira puxada

- ☐ Comece o exercício estendendo vigorosamente os quadris e os joelhos. Mantenha o ângulo das costas ou do tronco constante em relação ao solo; não permita que os quadris se elevem antes ou mais rápido do que os ombros e mantenha as costas retas ou levemente arqueadas.
- ☐ Mantenha os cotovelos totalmente estendidos, com a cabeça neutra em relação à coluna vertebral, e os ombros acima ou ligeiramente à frente da barra.
- ☐ Mantenha a barra o mais próximo possível das pernas.

Transição   Meio da segunda puxada   Agarre

Transição

☐ À medida que a barra é elevada até logo acima dos joelhos, empurre os quadris para a frente e flexione um pouco mais os joelhos para mover as coxas contra a barra e os joelhos sob ela.
☐ Durante essa segunda flexão dos joelhos, transfira o peso do corpo para a frente, para a metade dianteira dos pés, mantendo os calcanhares em contato com o solo.
☐ Mantenha as costas retas ou levemente arqueadas, com os cotovelos totalmente estendidos e apontados lateralmente para fora, os ombros acima ou ligeiramente à frente da barra e a cabeça neutra em relação à coluna vertebral.
☐ No final da transição, o corpo fica em posição para a segunda puxada (fase de potência).

Segunda puxada (fase de potência)

☐ A partir dessa posição com a barra nas coxas (entre os joelhos e o meio das coxas), inicie a segunda puxada estendendo vigorosa e rapidamente os quadris, joelhos e tornozelos.
☐ A barra deve passar o mais próximo possível do tronco.
☐ Mantenha os ombros acima da barra e os cotovelos estendidos o máximo possível enquanto os quadris, joelhos e tornozelos são estendidos.
☐ À medida que as articulações da região inferior do corpo são totalmente estendidas, eleve rapidamente os ombros. Mantenha os cotovelos estendidos e apontados lateralmente para fora durante o movimento de elevação dos ombros.
☐ Quando os ombros alcançarem sua elevação máxima, flexione os cotovelos para começar a puxar o corpo sob a barra.
☐ Continue a puxar com os braços o mais alto e estendido possível, com os cotovelos movendo-se lateralmente para cima e para fora.
☐ O momento ascendente, partindo do movimento de salto, resultará no tronco e no pescoço eretos ou ligeiramente hiperestendidos, e os pés podem elevar-se do solo.

Agarre

A fase de agarre da "metida ao peito" termina com a barra sobre os deltoides anteriores e as clavículas, semelhante à posição dos braços e da barra do exercício de agachamento frontal.

☐ Terminada a segunda puxada com a barra na altura máxima, tracione o corpo sob a barra rotando os braços e as mãos ao redor e abaixo dela e flexione novamente os quadris e os joelhos até aproximadamente a posição de um quarto de agachamento.
☐ Os pés ficarão novamente planos no solo, porém, um pouco mais afastados do que na posição inicial.
☐ A barra deve ser sustentada na parte clavicular do deltoide e nas clavículas com
  - a cabeça voltada para para a frente;
  - o pescoço neutro ou levemente hiperestendido;
  - os punhos hiperestendidos;
  - os cotovelos totalmente flexionados;
  - os braços paralelos ao solo;
  - as costas retas ou levemente arqueadas;
  - os pés planos no solo; e
  - o peso do corpo transferido para o centro dos pés.
☐ A barra deve ser sustentada com o tronco quase totalmente ereto e os ombros ligeiramente adiante das nádegas. Essa posição, que se assemelha à posição corporal durante o início da fase de

movimento descendente do agachamento frontal, permite que a barra fique diretamente acima do centro de gravidade.
- ☐ Se o tronco estiver ereto demais, a barra empurrará os ombros para trás e hiperestenderá a região lombar, resultando em um maior risco de lesão.
- ☐ Adquiridos o controle e o equilíbrio, coloque-se em pé até a posição totalmente ereta.

Movimento descendente

- ☐ Na conclusão da repetição, rote a parte posterior dos braços ao redor da barra para removê-la das clavículas e da parte clavicular do deltoide e abaixe lentamente a barra até as coxas. Flexione levemente os quadris e os joelhos para amortecer o impacto da barra sobre as coxas.
- ☐ Na conclusão da série, flexione lentamente os quadris e os joelhos na mesma velocidade (a fim de manter o tronco ereto) para retornar a barra ao solo de maneira controlada.
- ☐ Reposicione a barra e o corpo para a próxima repetição.

Levantamento em suspensão

Este exercício é similar à "metida ao peito", porém com uma modificação principal: a posição inicial da barra é sobre as coxas, logo acima dos joelhos, e não no solo. Fundamentalmente, o levantamento em suspensão *é* o exercício de "metida ao peito" começando no início da posição de transição. Devido ao fato de a barra ser movida a uma distância menor, o levantador dispõe de menos tempo para exercer uma força de tração na barra. O momento inicial da barra nos joelhos é zero, então é requerido maior esforço muscular (de potência) para levantar uma dada carga do que na "metida ao peito". Dessa forma, a extensão vigorosa e rápida dos quadris, joelhos e tornozelos, seguida pela elevação dos ombros e pela tração com os braços, é essencial para se executar o exercício de levantamento em suspensão.

Posição inicial

☐ Observe as orientações sobre a posição corporal preparatória e o levantamento (ver Introdução), a fim de posicionar corretamente o corpo para levantar a barra do solo.
☐ Usando o mesmo afastamento dos pés, a mesma empunhadura e a mesma posição corporal inicial da "metida ao peito", levante a barra lentamente junto às pernas e aos joelhos até ficar na posição ereta, com a barra repousando na parte dianteira das coxas.

Posição inicial | Extensão tripla com elevação dos ombros

☐ A partir dessa posição em pé, com os cotovelos estendidos e apontados lateralmente para fora, incline-se para a frente e flexione levemente os quadris e os joelhos para colocar a barra logo acima dos joelhos.
☐ Todas as repetições partem dessa posição.

Movimento ascendente

☐ Comece o exercício com um movimento de salto, estendendo vigorosamente os quadris, joelhos e tornozelos (comumente chamado de *extensão tripla*).
☐ Mantenha os ombros acima da barra e os cotovelos estendidos o máximo possível. À medida que as articulações da região inferior do corpo são totalmente estendidas, eleve rapidamente os ombros mas mantenha os cotovelos estendidos e apontados lateralmente para fora.
☐ Quando os ombros alcançarem sua elevação máxima, flexione os cotovelos e tracione o corpo sob a barra. A barra deve passar o mais próximo possível do tronco.
☐ Continue a puxar com os braços o mais alto e estendido possível. Essas ações resultarão na posição mais alta da barra.
☐ Esse movimento de salto com a barra resultará no tronco e no pescoço eretos ou levemente hiperestendidos; e os pés podem perder contato com o solo.

A posição mais alta da barra | Agarre | Posição ereta final

Agarre

☐ Após totalmente estendida a região inferior do corpo e a barra ter alcançado sua altura máxima, agarre a barra tracionando o corpo sob ela, rotando os braços e as mãos ao redor e abaixo dela. Flexione novamente os quadris e os joelhos até aproximadamente a posição de um quarto de agachamento.
☐ Os pés ficarão novamente planos no solo, porém um pouco mais afastados do que na posição inicial.
☐ A posição final do levantamento em suspensão é a mesma da "metida ao peito": a barra é sustentada na parte clavicular do deltoide e nas clavículas, e o corpo fica totalmente ereto.

Movimento descendente

☐ Na conclusão da repetição, rote a parte posterior dos braços ao redor da barra para removê-la das clavículas e da parte clavicular do deltoide e abaixe lentamente a barra até as coxas. Flexione levemente os quadris e os joelhos para amortecer o impacto da barra sobre as coxas.
☐ Se mais repetições forem executadas, *primeiro* coloque-se totalmente ereto e depois siga as orientações para colocar o corpo na posição inicial correta. A barra *não* retorna ao solo entre as repetições.
☐ Na conclusão da série, flexione lentamente os quadris e os joelhos na mesma velocidade (a fim de manter o tronco ereto) para retornar a barra ao solo de maneira controlada.

EXERCÍCIOS DE POTÊNCIA E EXPLOSIVOS ■ **29**

Desenvolvimento (e arremesso desenvolvido com barra)

Este exercício consiste em empurrar rápida e vigorosamente a barra dos ombros até acima da cabeça. Embora o movimento ascendente consista em duas fases, a elevação da barra ocorre em um movimento contínuo.

Tanto o desenvolvimento como o arremesso desenvolvido com barra envolvem a rápida extensão dos quadris e dos joelhos, que acelera a retirada da barra dos ombros, seguida imediatamente por movimentos que a posicionam acima da cabeça. No entanto, a técnica utilizada para alcançar essa posição final da barra varia. No desenvolvimento, o impulso de extensão dos quadris e dos joelhos é apenas vigoroso o suficiente para impelir a barra um terço ou metade da distância acima da cabeça. Dessa altura, a barra é empurrada até a posição acima da cabeça, com os quadris e os joelhos ainda totalmente estendidos após o impulso. Isso pode ser visto na foto com a legenda "agarre (desenvolvimento)". O arremesso desenvolvido com barra envolve um impulso mais vigoroso dos quadris e dos joelhos, de forma que a barra seja efetivamente arremessada (ou lançada) para cima e agarrada com os cotovelos estendidos na posição acima da cabeça, com os quadris e os joelhos levemente flexionados. Isso pode ser visto na foto com a legenda "agarre (arremesso desenvolvido com barra)".

Posição inicial

☐ Use o exercício de "metida ao peito" ou de levantamento em suspensão para levantar a barra do solo até os ombros ou para removê-la da posição na altura dos ombros em um *rack* de levantamento ou agachamento.
☐ Na posição ereta, mantenha os pés afastados na largura dos quadris e apontados para a frente ou ligeiramente para os lados.
☐ Uma vez posicionada a barra em frente aos ombros, certifique-se de que a empunhadura esteja equilibrada, pronada, fechada e, aproximadamente, na largura dos ombros.
☐ Todas as repetições partem dessa posição.

Mergulho (preparação ativa para a fase de movimento ascendente)

☐ Mantendo o tronco ereto e a cabeça em uma posição neutra, flexione os quadris e os joelhos em uma velocidade lenta a moderada para mover a barra em uma trajetória descendente reta. Não altere a posição dos braços.
☐ O movimento descendente não é um agachamento completo, é um "mergulho" a uma profundidade que não exceda um quarto de agachamento ou a posição de agarre da "metida ao peito". Outra recomendação é que o mergulho não exceda 10% da altura corporal do levantador (i.e., cerca de 15 a 20 cm).

Movimento ascendente (impulsão)

☐ Assim que alcançar a posição mais baixa do mergulho, inverta o movimento estendendo rapidamente os quadris, joelhos e tornozelos para mover a barra acima da cabeça.
☐ Inicialmente, a barra precisa ser mantida firmemente sobre os ombros para que o levantador se beneficie ao máximo do momento ascendente produzido pelo movimento de salto. Porém, quando as articulações da região inferior do corpo alcançarem a extensão total, eleve os ombros para começar a levantar a barra dos ombros. Note que os pés podem perder contato com o solo à medida que os ombros se elevam.

☐ O pescoço deve ficar levemente hiperestendido para permitir que a barra passe pelo queixo (do contrário, ela atingirá o rosto).

Agarre (no desenvolvimento)

Pelo fato de a fase de impulsão do desenvolvimento não ser vigorosa o bastante para mover a barra até a posição totalmente acima da cabeça, a fase de agarre é similar à segunda metade do exercício de pressão de ombros: os quadris e os joelhos ficam ainda totalmente estendidos após a impulsão, e os ombros (deltoides) e os braços (tríceps) pressionam a barra até acima da cabeça.

☐ Com a barra acima da cabeça, estabeleça as seguintes posições:
- os cotovelos totalmente flexionados;
- a postura ereta, com o tronco rígido;
- a cabeça neutra;
- os pés planos;
- a barra levemente atrás da cabeça.

☐ Os pés ficarão novamente planos no solo, porém um pouco mais afastados do que na posição inicial.

Desenvolvimento (e arremesso desenvolvido com barra)

Posição inicial — Mergulho

☐ O peso do corpo deve ficar equilibrado próximo ao meio dos pés.
☐ Fique em pé em uma posição corporal totalmente ereta para adquirir o controle da barra e alcançar o equilíbrio.

Agarre (no arremesso desenvolvido com barra)

A fase de impulsão do arremesso desenvolvido com barra permite que esta seja sustentada acima da cabeça com os cotovelos totalmente estendidos, e os quadris e joelhos ligeiramente flexionados.

☐ Sustentada a barra, os quadris e os joelhos devem ser flexionados até a posição aproximada de um quarto de agachamento. O objetivo é alcançar a posição de agachamento mais baixa no mesmo momento em que a barra alcançar a altura máxima.
☐ Os pés ficarão novamente planos no solo, porém um pouco mais afastados do que na posição inicial.
☐ O tronco deve ficar ereto, com a cabeça na posição neutra diretamente sob a barra; os olhos devem focar à frente.
☐ O peso do corpo deve ficar equilibrado próximo ao meio dos pés.
☐ Estabelecidos o controle e o equilíbrio, coloque-se em pé estendendo os quadris e os joelhos até a posição totalmente ereta (não visualizada na foto).

Impulsão   Agarre (desenvolvimento)   Agarre (arremesso desenvolvido com barra)

Movimento descendente

☐ Na conclusão da repetição, abaixe a barra, reduzindo gradativamente a tensão muscular dos braços, a fim de permitir a descida controlada da barra até os ombros. Flexione simultaneamente os quadris e os joelhos para amortecer o impacto da barra sobre os ombros.

☐ Se mais repetições forem executadas, *primeiro* coloque-se totalmente ereto e depois siga as orientações descritas para a fase de mergulho. A barra *não* retorna ao solo entre as repetições.

☐ Na conclusão da série, primeiro abaixe a barra dos ombros até as coxas, depois ao solo (similar ao exercício de "metida ao peito"). A barra também pode ser recolocada no *rack* de levantamento ou agachamento.

REGIÃO INFERIOR DO CORPO

Exercícios (poliarticulares) para os quadris e as coxas

REGIÃO INFERIOR DO CORPO

DVD 1

Nome	Descrição da ação concêntrica	MÚSCULOS PREDOMINANTES ENVOLVIDOS	
		Grupo muscular ou região corporal	Músculos
✋ Agachamento frontal	Extensão dos quadris	Glúteos	Glúteo máximo
		Isquiotibiais	Semimembranáceo Semitendíneo Bíceps do fêmur
	Extensão dos joelhos	*Quadríceps*	Vasto lateral Vasto intermédio Vasto medial Reto da coxa
✋ Agachamento dorsal	Extensão dos quadris	*Glúteos*	Glúteo máximo
		Isquiotibiais	Semimembranáceo Semitendíneo Bíceps do fêmur
	Extensão dos joelhos	Quadríceps	Vasto lateral Vasto intermédio Vasto medial Reto da coxa
Agachamento em equipamento	Os mesmos dos agachamentos frontal e dorsal		
Levantamento-terra	Os mesmos dos agachamentos frontal e dorsal		
Pressão de pernas 45° (em equipamento)	Os mesmos dos agachamentos frontal e dorsal		
Pressão de pernas horizontal (em equipamento)	Os mesmos dos agachamentos frontal e dorsal		
✋ Passada à frente em banco	Os mesmos dos agachamentos frontal e dorsal		
✋ Passada à frente	Os mesmos dos agachamentos frontal e dorsal, porém com estes acréscimos:		
	Flexão dos quadris	Flexores dos quadris (da perna contralateral)	Reto da coxa Iliopsoas
	Flexão plantar	Panturrilha (da perna dominante)	Sóleo Gastrocnêmio

✋ Denota um exercício que requer um auxiliar. Os grupos musculares mais enfatizados nesses exercícios estão em *itálico*.

Agachamento frontal

Posição inicial: levantador

☐ A barra está nos pinos ou nas bordas de apoio de *racks* de ferro da altura dos ombros (ou em um *rack* para levantamento ou agachamento), posicionada aproximadamente na altura das axilas; mova-a em sua direção e posicione a parte anterior dos ombros, os quadris e os pés diretamente embaixo dela.

☐ Agarre a barra usando uma das seguintes posições das mãos e dos braços:
A posição mais comum é a empunhadura *limpa* ou dos *braços paralelos*:

Posição dos braços paralelos

Posição dos braços cruzados

Posição mais baixa do agachamento

Posições iniciais com a posição dos braços paralelos

Posições do movimento descendente

EXERCÍCIOS (POLIARTICULARES) PARA OS QUADRIS E AS COXAS ▪ **37**

- Agarre a barra de forma equilibrada, com uma empunhadura fechada e pronada, levemente mais ampla do que a largura dos ombros.
- Rote os braços ao redor da barra para colocá-la no topo das clavículas ou da parte clavicular dos deltoides. As costas das mãos devem ficar ligeiramente no topo *ou* para fora dos ombros, bem próximas de onde a barra é sustentada sobre os deltoides.
- Eleve os cotovelos para levantar os braços até a posição paralela ao solo. Os punhos devem ficar hiperestendidos; e os cotovelos, totalmente flexionados.

Uma posição alternativa é a empunhadura com os braços cruzados:

- Flexione os cotovelos e cruze os antebraços em frente ao peito.
- Mova o corpo para posicionar a barra de forma equilibrada na parte clavicular dos deltoides, sem tocá-la com as mãos.
- Uma vez na posição correta, posicione as mãos no topo da barra e use a pressão dos dedos para mantê-la nessa posição. Note que essa é uma empunhadura aberta; os polegares não conseguirão circular a barra porque os ombros estarão no caminho.
- Eleve os braços até a posição paralela ao solo.

☐ Para ambas as empunhaduras, mantenha os cotovelos elevados e para a frente. Isso contribui bastante para estabilizar a barra sobre os ombros.

☐ Sinalize aos auxiliares pedindo assistência e então estenda os quadris e os joelhos para levantar a barra dos pinos ou das bordas de sustentação e dê um passo para trás. Tome cuidado com a estrutura do *rack*. Se for executar o agachamento frontal de dentro de um *rack* de quatro vigas do tipo encaixado, poderá restar apenas 30 a 46 cm de espaço para dar o passo para trás. Deixe espaço suficiente (de frente para trás) para que a barra não atinja a estrutura durante o exercício.

☐ Afaste os pés entre a largura dos quadris e a dos ombros, apontados ligeiramente para fora, de forma que os joelhos fiquem alinhados diretamente sobre os pés.

Posições do movimento ascendente

Recolocando a barra no *rack*

□ Fique em pé, com o tronco ereto, posicionando os ombros para trás, inclinando a cabeça levemente para trás e projetando o peito para cima e para fora a fim de deixar as costas planas ou ligeiramente arqueadas.
□ Todas as repetições partem dessa posição.

Posição inicial: dois auxiliares

□ Fique em pé, na posição ereta junto a uma das extremidades opostas da barra, com os pés afastados na largura dos ombros e os joelhos ligeiramente flexionados.
□ Agarre a extremidade da barra entrelaçando as mãos com as palmas para cima.
□ Ao sinal do levantador, ajude a levantar e equilibrar a barra à medida que ela é suspensa dos pinos ou das bordas de sustentação.
□ Mova-se para os lados junto com o levantador à medida que ele se movimenta para trás.
□ Solte a barra suavemente.
□ Mantenha as mãos 5 a 8 cm abaixo da extremidade da barra.
□ Uma vez que o levantador esteja na posição, mantenha os pés afastados na largura dos ombros, com os joelhos levemente flexionados e o tronco ereto.

Movimento descendente: levantador

□ Comece o exercício flexionando os quadris e os joelhos lenta e controladamente.
□ Mantenha as costas retas ou levemente arqueadas e os braços rígidos; não arredonde a região dorsal nem se incline para a frente enquanto a barra é abaixada.
□ Olhe sempre à frente ou levemente acima da linha horizontal e incline a cabeça levemente para trás.
□ Mantenha o peso do corpo entre o centro dos pés e a região dos calcanhares; não permita que os calcanhares percam contato com o solo durante a descida.
□ Mantenha os joelhos alinhados acima dos pés quando flexionarem; evite que eles se movam à frente das pontas dos pés durante a descida.
□ Continue a fase de movimento descendente até que *um* destes três eventos ocorra (eles determinam a amplitude de movimento máxima ou a posição mais baixa do agachamento):
  1. As coxas ficam paralelas ao solo (se estiver alcançável).
  2. O tronco começa a arredondar ou flexionar.
  3. Os calcanhares perdem contato com o solo.
□ A profundidade do agachamento depende da flexibilidade articular da região inferior do corpo.
□ Mantenha o corpo rígido e sob controle; não balance o corpo nem relaxe as pernas e o tronco na posição inferior do movimento.

Movimento descendente: dois auxiliares

□ Mantenha as mãos entrelaçadas próximas à barra – sem tocá-la – enquanto ela desce.
□ Flexione levemente os joelhos, os quadris e o tronco e mantenha as costas retas enquanto acompanha o movimento da barra.

Movimento ascendente: levantador

□ Eleve a barra de forma controlada, estendendo os quadris e os joelhos.

- ☐ Mantenha as costas retas ou levemente arqueadas e os braços rígidos. À medida que a barra é levantada, resista à tendência de se inclinar para a frente. Para tanto, mantenha a cabeça inclinada levemente para trás, e o peito para cima e para fora.
- ☐ Mova a barra para cima empurrando a partir dos pés, com o peso do corpo igualmente distribuído entre os calcanhares e as partes dianteiras dos pés para mantê-los totalmente em contato com o solo, e os quadris sob a barra. Não permita que o peso do corpo se desloque para a metade dianteira dos pés.
- ☐ Mantenha os joelhos alinhados acima dos pés; evite que eles se movam para dentro ou para fora enquanto estendem.
- ☐ Continue levantando a barra em uma velocidade constante até que os calcanhares e os joelhos fiquem totalmente estendidos e a posição inicial ereta seja alcançada.
- ☐ Na conclusão da série, sinalize aos auxiliares para ajudarem a recolocar a barra no *rack*, mas mantenha a empunhadura na barra até que ambas as extremidades estejam seguras e imóveis nos pinos ou nas bordas de sustentação.

Movimento ascendente: dois auxiliares

- ☐ Mantenha as mãos entrelaçadas próximas à barra – sem tocá-la – enquanto ela sobe.
- ☐ Estenda levemente os joelhos, os quadris e o tronco e mantenha as costas retas enquanto acompanha o movimento da barra.
- ☐ Ao sinal do levantador, depois de completada a série, mova-se para os lados, junto com o levantador, até o *rack*.
- ☐ Simultaneamente, agarre a barra e ajude a equilibrá-la à medida que é recolocada nos pinos ou nas bordas de sustentação.
- ☐ Solte a barra suavemente.

Agachamento dorsal

Posição inicial: levantador

☐ A barra está nos pinos ou nas bordas de apoio de *racks* de ferro da altura dos ombros (ou em um *rack* para levantamento ou agachamento), posicionada aproximadamente na altura das axilas; Mova-a em sua direção e posicione a base do pescoço (ou a metade superior das costas), os quadris e os pés diretamente embaixo dela.
☐ Agarre a barra usando uma das seguintes posições de colocação da barra:
Para executar o agachamento dorsal com uma *posição baixa* da barra, faça o seguinte:
  ▪ Posicione a barra de forma equilibrada *no topo* da parte espinal dos deltoides, na parte transversa do trapézio.

Posição alta da barra

Posição baixa da barra

Posição mais baixa do agachamento

Posições iniciais com a posição alta da barra

Posições do movimento descendente

EXERCÍCIOS (POLIARTICULARES) PARA OS QUADRIS E AS COXAS ▪ **41**

- Agarre a barra de forma equilibrada, com uma empunhadura fechada e pronada, mais ampla do que a largura dos ombros. Para a maioria das pessoas, a colocação das mãos é bem ampla para compensar a posição baixa da barra.
- Uma empunhadura alternativa é a aberta, que pode ser mais confortável para os punhos. Se ela for utilizada, saiba que não propicia tanto controle da barra quanto a empunhadura fechada.

Para executar o agachamento dorsal com uma *posição alta* da barra, faça o seguinte:

- Posicione a barra de forma equilibrada *acima* da parte espinal dos deltoides, na base do pescoço.
- Agarre a barra de forma equilibrada, com uma empunhadura fechada e pronada, ligeiramente mais ampla do que a largura dos ombros.

☐ Para as duas posições da barra, eleve os cotovelos para propiciar uma base segura para repousar a barra. (Uma posição alta dos cotovelos também permite que os braços mantenham uma pressão sobre a barra para evitar que ela escorregue pelas costas.)

☐ Sinalize aos auxiliares pedindo assistência e então estenda os quadris e os joelhos para levantar a barra dos pinos ou das bordas de sustentação e dê um passo para trás. Tome cuidado com a estrutura do *rack*. Se for executar o agachamento dorsal de dentro de um *rack* de quatro vigas do tipo encaixado, poderá restar apenas 30 a 46 cm de espaço para dar o passo para trás. Deixe espaço suficiente (de frente para trás) para que a barra não atinja a estrutura durante o exercício.

☐ Afaste os pés entre a largura dos quadris e a dos ombros, apontados ligeiramente para fora, de forma que os joelhos fiquem alinhados diretamente sobre os pés.

Posições do movimento ascendente

Recolocando a barra no *rack*

- [ ] Fique em pé, com o tronco ereto, posicionando os ombros para trás, inclinando a cabeça levemente para trás e projetando o peito para cima e para fora a fim de deixar as costas planas ou ligeiramente arqueadas.
- [ ] Todas as repetições partem dessa posição.

Posição inicial: dois auxiliares

- [ ] Fique em pé, na posição ereta, junto a uma das extremidades opostas da barra, com os pés afastados na largura dos ombros e os joelhos ligeiramente flexionados.
- [ ] Agarre a extremidade da barra entrelaçando as mãos com as palmas para cima.
- [ ] Ao sinal do levantador, ajude a levantar e equilibrar a barra à medida que ela é suspensa dos pinos ou das bordas de sustentação.
- [ ] Mova-se para os lados junto com o levantador à medida que ele se movimenta para trás.
- [ ] Solte a barra suavemente.
- [ ] Mantenha as mãos 5 a 8 cm abaixo da extremidade da barra.
- [ ] Uma vez que o levantador esteja na posição, mantenha os pés afastados na largura dos ombros, com os joelhos levemente flexionados e o tronco ereto.

Movimento descendente: levantador

- [ ] Comece o exercício flexionando os quadris e os joelhos lenta e controladamente.
- [ ] Mantenha as costas retas ou levemente arqueadas e os cotovelos altos; não arredonde a região dorsal nem se incline para a frente enquanto a barra é abaixada.
- [ ] Olhe sempre à frente ou levemente acima da linha horizontal e incline a cabeça levemente para trás.
- [ ] Mantenha o peso do corpo entre o centro dos pés e a região dos calcanhares; não permita que os calcanhares percam contato com o solo durante a descida.
- [ ] Mantenha os joelhos alinhados acima dos pés quando flexioná-los; evite que eles se movam à frente das pontas dos pés durante a descida.
- [ ] Continue a fase de movimento descendente até que *um* destes três eventos ocorra (eles determinam a amplitude máxima de movimento ou a posição mais baixa do agachamento):
    1. As coxas ficam paralelas ao solo (se alcançável).
    2. O tronco começa a arredondar ou flexionar.
    3. Os calcanhares perdem contato com o solo.
- [ ] A profundidade do agachamento depende da flexibilidade articular da região inferior do corpo.
- [ ] Mantenha o corpo rígido e sob controle; não balance o corpo nem relaxe as pernas e o tronco na posição inferior do movimento.

Movimento descendente: dois auxiliares

- [ ] Mantenha as mãos entrelaçadas próximas à barra – sem tocá-la – enquanto ela desce.
- [ ] Flexione levemente os joelhos, os quadris e o tronco e mantenha as costas retas enquanto acompanha o movimento da barra.

Movimento ascendente: levantador

- [ ] Eleve a barra de forma controlada, estendendo os quadris e os joelhos.

- ☐ Mantenha as costas retas ou levemente arqueadas e os cotovelos altos. À medida que a barra é levantada, resista à tendência de se inclinar para a frente, mantendo a cabeça inclinada levemente para trás, e o peito para cima e para fora.
- ☐ Mova a barra para cima, empurrando a partir dos pés, com o peso do corpo igualmente distribuído entre os calcanhares e os antepés para manter os pés totalmente em contato com o solo e os quadris sob a barra. Não permita que o peso do corpo se desloque para a metade dianteira dos pés.
- ☐ Mantenha os joelhos alinhados acima dos pés; evite que eles se movam para dentro ou para fora enquanto estendem.
- ☐ Continue levantando a barra em uma velocidade constante até que os calcanhares e os joelhos fiquem totalmente estendidos e a posição inicial ereta seja alcançada.
- ☐ Na conclusão da série, sinalize aos auxiliares para ajudarem a recolocar a barra no *rack*, mas mantenha a empunhadura na barra até que ambas as extremidades estejam seguras e imóveis nos pinos ou nas bordas de sustentação.

Movimento ascendente: dois auxiliares

- ☐ Mantenha as mãos entrelaçadas próximas à barra – sem tocá-la – enquanto ela sobe.
- ☐ Estenda levemente os joelhos, os quadris e o tronco e mantenha as costas retas enquanto acompanha o movimento da barra.
- ☐ Ao sinal do levantador depois de completada a série, mova-se para os lados junto com o levantador até o *rack*.
- ☐ Simultaneamente, agarre a barra e ajude a equilibrá-la à medida que é recolocada nos pinos ou nas bordas de sustentação.
- ☐ Solte a barra suavemente.

Agachamento em equipamento

Posição inicial

☐ Acomode-se no equipamento, recostando-se com a cabeça e as costas igualmente pressionadas contra suas respectivas almofadas (i.e., no centro das almofadas, nem à esquerda nem à direita).
☐ Encaixe os ombros sob as almofadas de ombro do equipamento.
☐ Afaste os pés na largura dos ombros e mantenha-os planos na plataforma para os pés, apontados ligeiramente para fora. Os pés devem ficar próximos à borda superior da plataforma, posicionados da mesma maneira – o mesmo espaço deve ser visto entre o pé esquerdo e o lado esquerdo da plataforma, e entre o pé direito e o lado direito da plataforma. As pontas dos pés também devem estar em um ângulo idêntico.
☐ Posicione as coxas e as pernas paralelamente umas às outras.
☐ Agarre os pega-mãos ou a estrutura do equipamento e, simultaneamente, estenda os quadris e os joelhos para elevar o equipamento 3 a 5 cm.
☐ Mantenha a cabeça, os ombros e as costas igualmente pressionados contra suas respectivas almofadas.
☐ Remova o mecanismo de controle do "carrinho" do equipamento*. Há muitas variedades desse mecanismo, mas a maioria requer um ou dois pega-mãos próximos às mãos ou ao corpo para serem virados para dentro ou movidos.
☐ Agarre novamente os pega-mãos ou a estrutura do equipamento para ajudar a manter o corpo firmemente no lugar.
☐ Estenda os quadris e os joelhos – não trave os joelhos – para elevar o equipamento até a posição inicial.
☐ Todas as repetições partem dessa posição.

Movimento descendente

☐ Comece o exercício flexionando os quadris e os joelhos de forma lenta e controlada.
☐ Mantenha a cabeça, os ombros e as costas igualmente pressionados contra suas respectivas almofadas.
☐ Mantenha as coxas e as pernas paralelas umas às outras; quaisquer desvios poderão impor um estresse indevido na região lombar e nos joelhos. Mantenha os joelhos alinhados acima dos pés enquanto flexionam; evite que se movam à frente das pontas dos pés durante a descida.
☐ Continue a fase de movimento descendente até que *um* destes eventos ocorra (eles determinam a amplitude de movimento máxima ou a posição mais baixa):
  1. As coxas ficam paralelas à plataforma dos pés (se alcançável).
  2. As costas perdem contato com o encosto.
  3. Os joelhos movem-se à frente das pontas dos pés.
☐ A amplitude do movimento depende do grau de flexibilidade da coluna vertebral, dos quadris, dos joelhos e dos tornozelos, bem como das características do desenho do equipamento e das suas capacidades de ajuste.
☐ Na posição inferior do movimento, não relaxe as pernas e o tronco e não desestabilize o equipamento, para que não volte em um solavanco para cima para a próxima repetição.

---

* N. de R.T.: Estrutura de apoio para as costas que é deslocada para cima e para baixo; a direção desse deslocamento é controlada por duas barras de ferro paradas.

Movimento ascendente

☐ Empurre o "carrinho" para cima e, de forma controlada, estendendo os quadris e os joelhos. Os pés devem permanecer planos na plataforma.
☐ Mantenha a cabeça, os ombros e as costas igualmente pressionados contra suas respectivas almofadas.
☐ Mantenha as coxas e as pernas paralelas umas às outras; não permita que os joelhos se virem para dentro ou para fora enquanto estendem.
☐ Continue empurrando o "carrinho" até que os joelhos fiquem totalmente estendidos, mas não forçosamente travados.
☐ Ao final da série, flexione levemente os quadris e os joelhos, vire ou mova um ou dois pega-mãos para recolocar os suportes em seus lugares, abaixe o "carrinho" até que ele repouse sobre os suportes e então saia do equipamento.

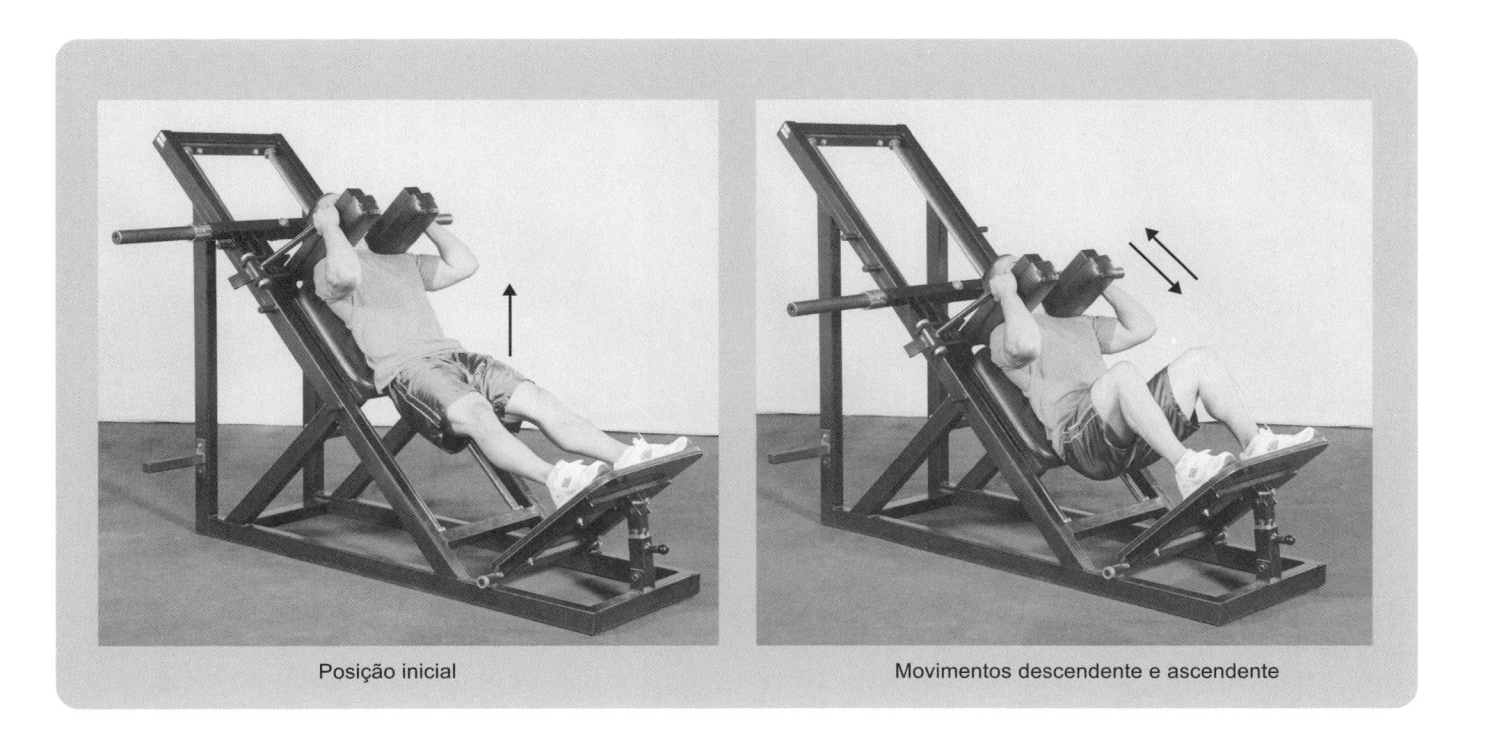

Posição inicial

Movimentos descendente e ascendente

Levantamento-terra

Posição inicial

A posição inicial deste exercício é idêntica à da "metida ao peito", exceto pela posição das mãos: em vez da empunhadura pronada de ambas as mãos, uma é supinada e a outra é pronada (normalmente, a mão pronada é a dominante). Essa empunhadura é chamada *alternada*. Não é preciso exercitá-la, pois ela é naturalmente melhorada com a execução repetida do exercício. Algumas pessoas, no entanto, ainda preferem a empunhadura pronada das duas mãos, mas utilizam munhequeiras para um melhor agarre da barra.

- [ ] Agache-se mantendo os quadris mais baixos do que os ombros e agarre a barra de forma equilibrada, com uma empunhadura alternada na largura dos ombros (ou ligeiramente mais ampla).
- [ ] Afaste os pés a uma distância entre a largura dos quadris e a dos ombros e aponte-os ligeiramente para fora, de forma que os joelhos fiquem alinhados e diretamente acima dos pés.
- [ ] Posicione os braços do lado de fora dos joelhos, com os cotovelos totalmente estendidos e apontados lateralmente para fora.
- [ ] Posicione a barra aproximadamente 3 cm à frente das pernas e acima da parte central do dorso dos pés.
- [ ] Antes de iniciar o levantamento, observe as orientações sobre a posição corporal preparatória e o levantamento (ver Introdução) a fim de posicionar corretamente o corpo para levantar a barra do

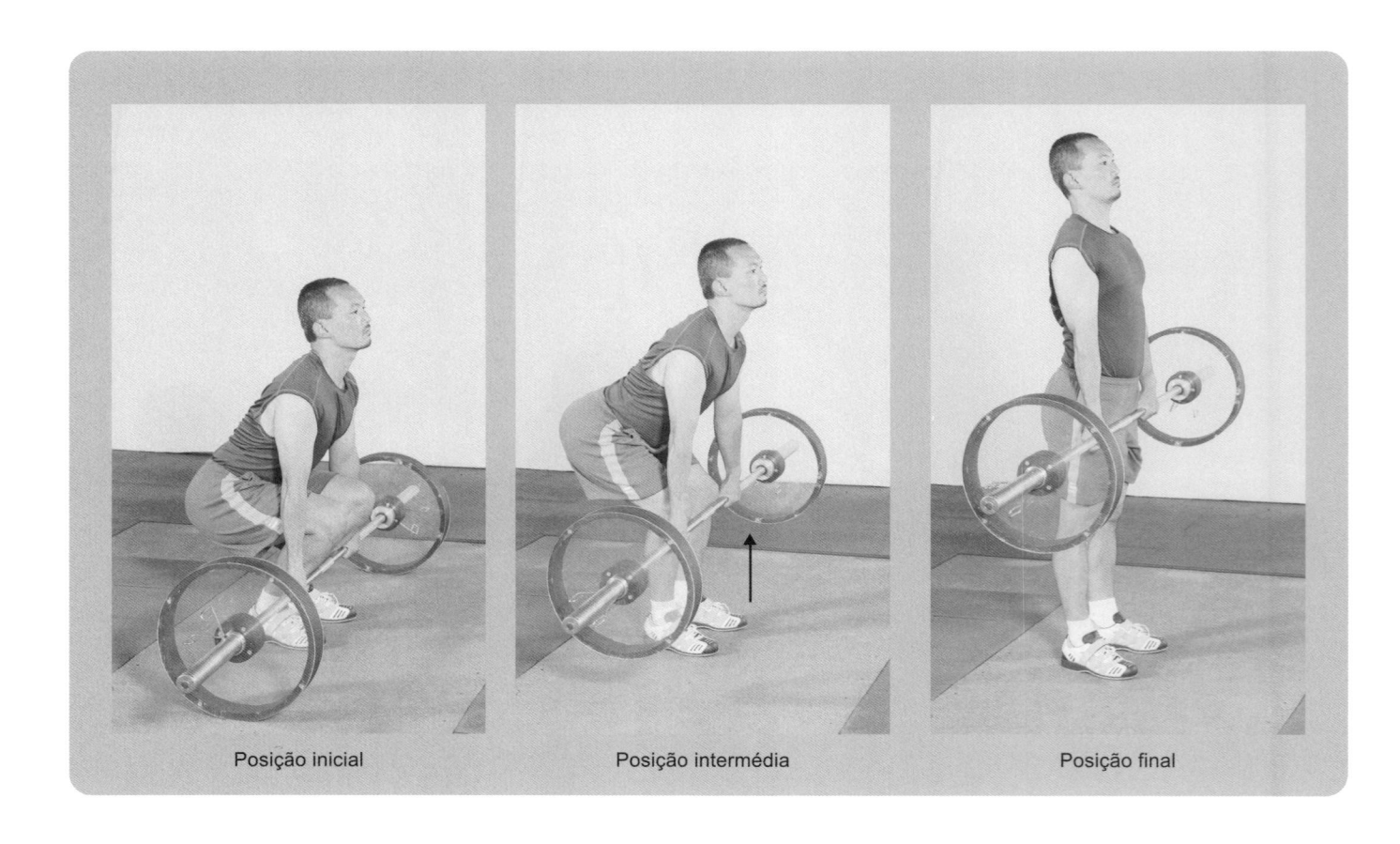

solo. As posições exatas do tronco, dos quadris, dos joelhos e da barra dependem do comprimento dos segmentos corporais e da flexibilidade articular da região inferior do corpo.
☐ Todas as repetições partem dessa posição.

Movimento ascendente

☐ Comece o exercício estendendo os quadris e os joelhos de forma lenta e controlada. Mantenha o ângulo das costas ou do tronco constante em relação ao solo; não permita que os quadris elevem-se antes ou mais rápido do que os ombros e mantenha as costas retas ou levemente arqueadas.
☐ Mantenha os cotovelos totalmente estendidos, com a cabeça neutra em relação à coluna vertebral, e os ombros acima ou ligeiramente à frente da barra.
☐ Durante a subida, mantenha a barra o mais próximo possível das pernas e transfira suavemente o peso do corpo de volta para os calcanhares.
☐ À medida que a barra é elevada até logo acima dos joelhos, transfira o peso do corpo para a frente, para a metade dianteira dos pés, mantendo os calcanhares em contato com o solo.
☐ Mantenha as costas retas ou levemente arqueadas, com os cotovelos totalmente estendidos e apontados lateralmente para fora, os ombros acima ou ligeiramente à frente da barra e a cabeça neutra em relação à coluna vertebral.
☐ Continue estendendo os quadris e os joelhos até que o corpo alcance uma posição totalmente ereta ou que o tronco fique muito levemente hiperestendido.

Movimento descendente

☐ Flexione lentamente os quadris e os joelhos na mesma velocidade para retornar a barra ao solo de forma controlada.
☐ Durante a descida, mantenha a barra o mais próximo possível das coxas e das pernas.
☐ Mantenha as costas retas ou levemente arqueadas, com os cotovelos totalmente estendidos e apontados lateralmente para fora, os ombros acima ou ligeiramente à frente da barra e a cabeça neutra em relação à coluna vertebral.
☐ Toque as anilhas no solo e então levante a barra imediatamente (sem uma pausa) para a próxima repetição.

Pressão de pernas 45º (em equipamento)

Posição inicial

☐ Sente-se no equipamento com a cabeça, as costas, os quadris e as nádegas igualmente pressionados contra suas respectivas almofadas (i.e., no centro das almofadas, nem à esquerda nem à direita). Alguns equipamentos possuem almofadas para os ombros que permitem ao levantador encaixar os ombros sob as mesmas.

☐ Todos os segmentos corporais, exceto as pernas, devem ficar firmemente posicionados contra suas almofadas para oferecer o máximo apoio à coluna vertebral e à região lombar. Se o ângulo do encosto for ajustável, mova-o para cima ou para baixo para permitir que o tronco e as pernas formem um ângulo de aproximadamente 90º (nos quadris) quando os pés estiverem adequadamente posicionados na plataforma para os pés e os joelhos estiverem totalmente estendidos.

☐ Afaste os pés a uma distância entre a largura dos quadris e a dos ombros e mantenha-os planos na plataforma e apontados ligeiramente para fora. Os dois pés devem estar posicionados da mesma maneira – o mesmo espaço deve ser visto entre o pé esquerdo e o lado esquerdo da plataforma, e entre o pé direito e o lado direito da plataforma. As pontas dos pés também devem estar em um ângulo idêntico.

☐ Posicione as coxas e as pernas paralelamente umas às outras.

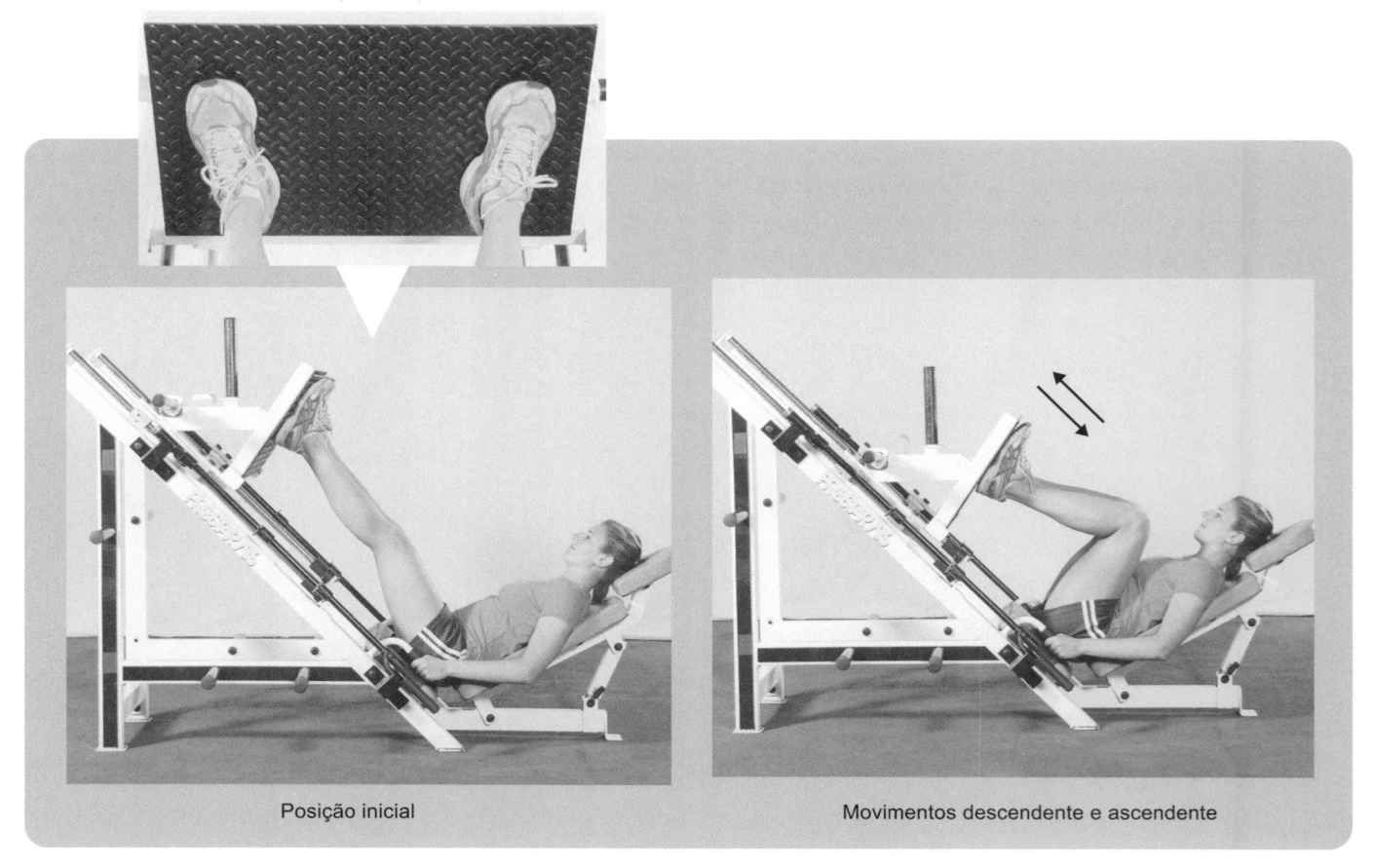

Posição dos pés

Posição inicial

Movimentos descendente e ascendente

EXERCÍCIOS (POLIARTICULARES) PARA OS QUADRIS E AS COXAS ■ 49

Agarre os pega-mãos ou a estrutura do equipamento e, simultaneamente, estenda os quadris e os joelhos para elevar a plataforma de apoio dos pés 3 a 5 cm.
- ☐ Mantenha os quadris e as nádegas no assento e as costas planas contra o encosto durante a elevação da plataforma de apoio dos pés.
- ☐ Remova o mecanismo de apoio da plataforma dos pés. Há muitas variedades desse mecanismo, mas a maioria requer um ou dois pega-mãos próximos ao corpo para serem virados para fora ou movidos.
- ☐ Agarre novamente os pega-mãos ou a estrutura do equipamento para ajudar a manter o corpo firmemente no lugar.
- ☐ Estenda os quadris e os joelhos – mas não trave os joelhos – para elevar a plataforma dos pés até a posição inicial.
- ☐ Mantenha a região lombar imóvel durante a sustentação da plataforma dos pés.
- ☐ Todas as repetições partem dessa posição.

Movimento descendente

- ☐ Comece o exercício flexionando os quadris e os joelhos de forma lenta e controlada.
- ☐ Mantenha os quadris e as nádegas no assento e as costas planas contra o encosto.
- ☐ Mantenha as coxas e as pernas paralelas umas às outras; quaisquer desvios poderão impor um estresse indevido na região lombar e nos joelhos. Mantenha os joelhos alinhados acima dos pés enquanto flexionam; evite que se movam à frente das pontas dos pés durante a descida.
- ☐ Continue a fase de movimento descendente até que *um* destes eventos ocorra (eles determinam a amplitude de movimento máxima ou a posição mais baixa):
  1. As coxas ficam paralelas à plataforma de apoio dos pés (se alcançável).
  2. As nádegas perdem contato com o assento.
  3. Os quadris deslizam do encosto.
  4. Os calcanhares elevam-se da plataforma de apoio dos pés.
- ☐ A amplitude do movimento depende do grau de flexibilidade da coluna vertebral, dos quadris, dos joelhos e dos tornozelos, bem como das características do desenho do equipamento e das suas capacidades de ajuste.
- ☐ Na posição inferior do movimento, não relaxe as pernas e o tronco nem desestabilize a plataforma de apoio dos pés, para que não volte em um solavanco para cima para a próxima repetição.

Movimento ascendente

- ☐ Empurre a plataforma de apoio dos pés para cima e de forma controlada, estendendo os quadris e os joelhos. Os pés devem permanecer planos na plataforma.
- ☐ Mantenha os quadris e as nádegas no assento e as costas planas contra o encosto. Não desloque os quadris nem permita que as nádegas percam contato com o assento.
- ☐ Mantenha as coxas e as pernas paralelas umas às outras; não permita que os joelhos se virem para dentro ou para fora enquanto estendem.
- ☐ Continue empurrando a plataforma dos pés até que os joelhos fiquem totalmente estendidos mas não forçosamente travados.
- ☐ No final da série, flexione levemente os quadris e os joelhos, vire ou mova um ou dois pega-mãos para recolocar os suportes em seus lugares, abaixe a plataforma de apoio dos pés até que ela repouse sobre os suportes e então saia do equipamento.

Pressão de pernas horizontal (em equipamento)

Posição inicial

☐ Deite-se no equipamento com a cabeça, as costas, os quadris e as nádegas igualmente pressionados contra suas respectivas almofadas (i.e., no centro das almofadas, nem à esquerda nem à direita).
☐ Encaixe os ombros sob as suas almofadas.
☐ Todos os segmentos corporais, exceto as pernas, devem ficar firmemente posicionados contra suas almofadas para oferecer o máximo apoio à coluna vertebral e à região lombar. Se a posição horizontal da plataforma de apoio dos pés ou do assento for ajustável, mova-os para a frente ou para trás para permitir que as coxas fiquem paralelas à plataforma dos pés na posição deitada inicial.
☐ Afaste os pés a uma distância entre a largura dos quadris e a dos ombros e mantenha-os planos na plataforma e apontados ligeiramente para fora. Os dois pés devem estar posicionados da mesma maneira – o mesmo espaço deve ser visto entre o pé esquerdo e o lado esquerdo da plataforma, e entre o pé direito e o lado direito da plataforma. As pontas dos pés também devem estar em um ângulo idêntico.
☐ Posicione as coxas e as pernas paralelamente umas às outras.
☐ Agarre os pega-mãos ou as laterais do assento.
☐ Todas as repetições partem dessa posição.

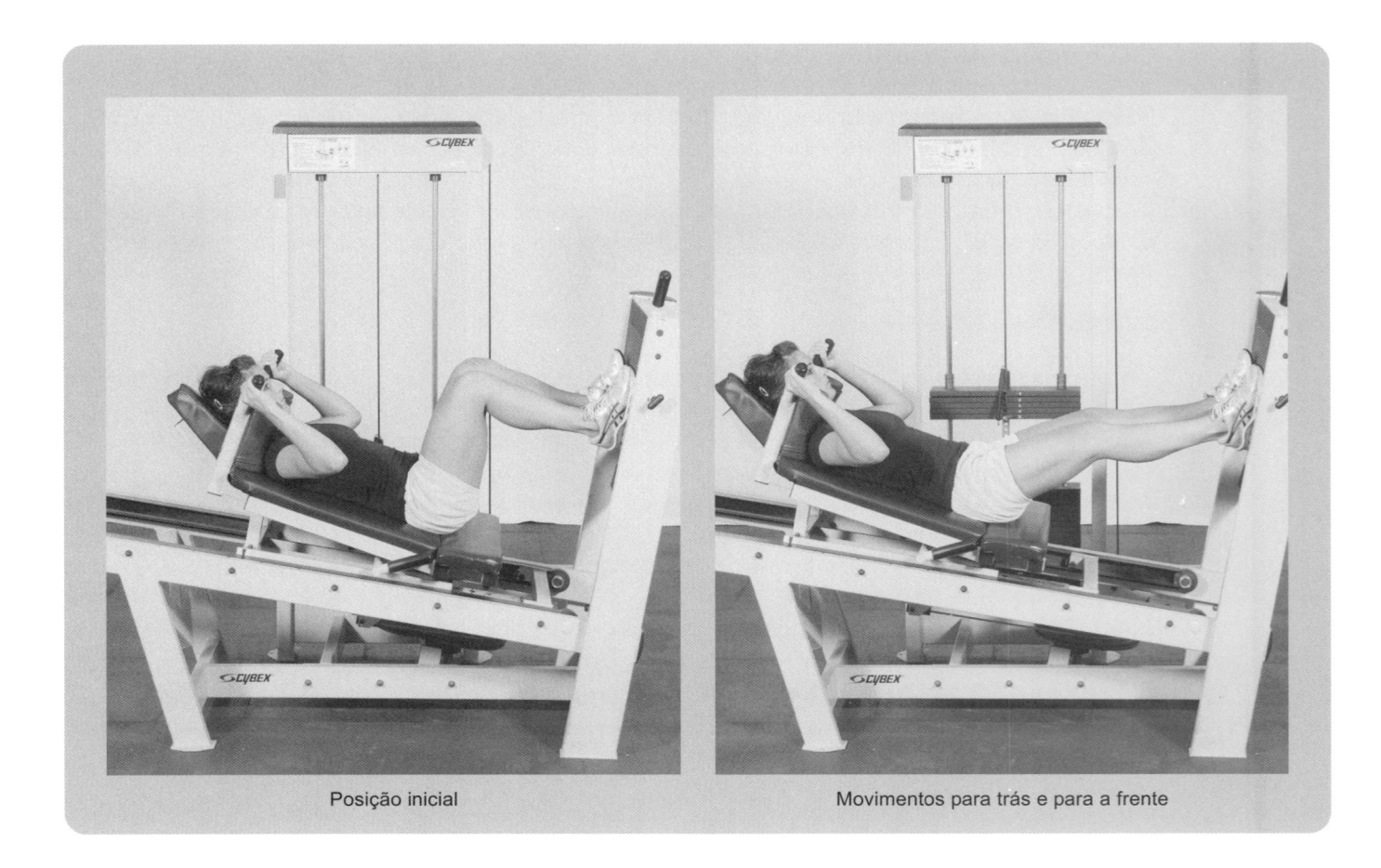

Posição inicial

Movimentos para trás e para a frente

Movimento para trás

- ☐ Comece o exercício estendendo os quadris e os joelhos de forma lenta e controlada para empurrar o assento *para trás*. (Note que, em alguns equipamentos, o assento é fixo e a plataforma de apoio dos pés moverá *para a frente* durante essa fase). Os pés devem permanecer planos na plataforma.
- ☐ Mantenha a cabeça, os ombros, as costas, os quadris e as nádegas igualmente pressionados contra suas respectivas almofadas. Não desloque os quadris nem permita que as nádegas percam contato com o assento.
- ☐ Mantenha as coxas e as pernas paralelas umas às outras; não permita que os joelhos se virem para dentro ou para fora enquanto estendem.
- ☐ Continue a fase de movimento para trás até que os joelhos fiquem totalmente estendidos, mas não forçosamente travados.

Movimento para a frente

- ☐ Permita que os quadris e os joelhos flexionem para trazer o assento de volta à posição inicial.
- ☐ Mantenha a cabeça, os ombros, as costas, os quadris e as nádegas igualmente pressionados contra suas respectivas almofadas.
- ☐ Mantenha as coxas e as pernas paralelas umas às outras; quaisquer desvios poderão impor um estresse indevido na região lombar e nos joelhos. Mantenha os joelhos alinhados acima dos pés enquanto flexionam.
- ☐ Continue flexionando os quadris e os joelhos até que as coxas fiquem paralelas à plataforma dos pés.
- ☐ Ao final da série, solte os pega-mãos ou as laterais do assento e saia do equipamento.

Passada à frente com barra em banco

A caixa utilizada para este exercício deve ter uma área de superfície na parte superior que permita que todo o pé (calçado) do levantador seja apoiado e ainda sobre espaço atrás do calcanhar e à frente dos dedos. A caixa deve ter 30 a 46 cm de altura, ou ser alta o suficiente para formar um ângulo de 90° nas articulações do joelho e do quadril quando o pé dominante estiver apoiado nela. Observação: a fim de permitir uma visão ótima da técnica do exercício, um *rack* de levantamento ou agachamento não é mostrado nas fotos.

Posição inicial: levantador

☐ Com a barra posicionada aproximadamente na altura das axilas, no *lado de fora* de um *rack* para levantamento ou agachamento, mova-se em direção à barra e posicione a base do pescoço (ou a metade superior das costas), os quadris e os pés diretamente embaixo dela.
☐ Posicione a barra de forma equilibrada *acima* da parte espinal dos deltoides, na base do pescoço (conforme visto na posição alta da barra no exercício de agachamento dorsal).
☐ Agarre a barra de forma equilibrada, com uma empunhadura fechada e pronada, ligeiramente mais ampla do que a largura dos ombros.
☐ Eleve os cotovelos para propiciar uma base segura com os músculos da região dorsal e dos ombros para repousar a barra. Uma posição alta dos cotovelos também permite que os braços mantenham uma pressão sobre a barra para evitar que ela escorregue pelas costas.

Posições iniciais

Contato inicial do pé dominante com o topo da caixa

- ☐ Sinalize ao auxiliar pedindo assistência e então estenda os quadris e os joelhos para levantar a barra dos pinos ou das bordas de sustentação. Mova-se com a ajuda de um auxiliar que esteja a uma distância da caixa igual à altura desta.
- ☐ Afaste os pés na largura dos quadris e aponte-os para a frente.
- ☐ Todas as repetições partem dessa posição.

Posição inicial: auxiliar

- ☐ Fique em pé, na posição ereta, atrás e bem próximo do levantador (mas não próximo a ponto de se tornar um obstáculo).
- ☐ Afaste os pés na largura dos ombros, com os joelhos ligeiramente flexionados.
- ☐ Ao sinal do levantador, ajude a levantar e equilibrar a barra à medida que ela é suspensa do *rack*.
- ☐ Mova-se junto com o levantador à medida que ele se movimenta para a posição inicial.
- ☐ Uma vez que o levantador esteja na posição, mantenha os pés afastados, na largura dos quadris, com os joelhos ligeiramente flexionados e o tronco ereto.
- ☐ Posicione as mãos próximas aos quadris, à cintura ou ao tronco do levantador.

Movimento ascendente: levantador

- ☐ Comece o exercício dando uma passada sobre o banco com uma perna; esta é chamada perna dominante. O contato inicial da perna dominante com o topo da caixa deve ser feito com o pé inteiro; não permita que o calcanhar eleve-se da borda da caixa.

Início das posições do movimento ascendente

Conclusão das posições do movimento ascendente

- ☐ Mantenha o tronco ereto; não incline para a frente.
- ☐ Mantenha o pé contralateral na posição inicial, mas transfira o peso do corpo para a perna dominante.
- ☐ Estenda vigorosamente o quadril e o joelho dominantes para mover o corpo para cima e para o topo da caixa; não inicie o movimento nem pule com a perna ou com o pé contralateral.
- ☐ Mantenha o tronco ereto; não incline para a frente. Enquanto o quadril e o joelho da perna dominante estendem totalmente para alcançar a posição em pé no topo da caixa, traga o pé contralateral para cima e posicione-o junto ao pé dominante.
- ☐ Na posição mais alta, mantenha-se ereto e faça uma pausa antes de iniciar a fase de movimento descendente.

Movimento ascendente: auxiliar

- ☐ Dê um pequeno passo para a frente com a perna dominante quando o levantador der o passo sobre a caixa.
- ☐ Quando o levantador alcançar a posição mais alta, traga a perna contralateral para a frente, para junto da perna dominante.
- ☐ Mantenha as mãos o mais próximas possível dos quadris, da cintura ou do tronco do levantador.
- ☐ Auxilie somente quando necessário para manter o levantador equilibrado.

Movimento descendente: levantador

- ☐ Transfira o peso do corpo para a mesma perna dominante.
- ☐ Desça da caixa a mesma perna contralateral.
- ☐ Mantenha o tronco ereto.
- ☐ Posicione o pé contralateral no solo, a 30 a 46 cm de distância da caixa.
- ☐ Quando o pé contralateral estiver totalmente em contato com o solo, transfira o peso corporal para a perna contralateral.
- ☐ Desça da caixa a perna dominante.
- ☐ Traga o pé dominante de volta à posição próxima ao pé contralateral.
- ☐ Fique ereto na posição inicial, faça uma pausa para estabelecer total equilíbrio e então alterne a perna dominante e repita o movimento com a nova perna dominante. Alguns levantadores gostam de repetir as palavras de comando "sobe-sobe-desce-desce" durante a série para ajudar na correta execução do exercício.
- ☐ Na conclusão da série, sinalize ao auxiliar para ajudar a recolocar a barra no *rack*, mas mantenha a empunhadura na barra até que ambas as extremidades estejam seguras e imóveis nos pinos ou nas bordas de sustentação.

Movimento descendente: auxiliar

- ☐ Dê um pequeno passo para trás com a perna contralateral quando o levantador descer uma perna ao solo.
- ☐ Quando o levantador descer a perna dominante da caixa, dê um passo para trás com a mesma perna dominante.
- ☐ Mantenha as mãos próximas dos quadris, da cintura ou do tronco do levantador.
- ☐ Mantenha-se ereto na posição inicial, faça uma pausa para esperar pelo levantador e alterne a perna dominante.
- ☐ Auxilie somente quando necessário para manter o levantador equilibrado.
- ☐ Ao sinal do levantador, depois de completada a série, ajude-o a recolocar a barra no *rack*.

EXERCÍCIOS (POLIARTICULARES) PARA OS QUADRIS E AS COXAS ■ **55**

Passada à frente

Este exercício pode ser executado de várias maneiras e em muitas direções. Para muitas pessoas, executá-lo tendo somente o corpo como peso é o bastante. Levantadores bem treinados podem utilizar uma barra (conforme explicado na seção a seguir) para obter maior resistência. Uma alternativa é sustentar um par de anilhas dos dois lados; isso ajuda especialmente se for muito difícil equilibrar uma barra atravessada nos ombros ou se não houver um auxiliar experiente disponível. Em qualquer situação, é necessário um espaço amplo (ou pelo menos comprido) para este exercício. Observação: a fim de permitir uma visão ótima da técnica do exercício, um *rack* de levantamento ou agachamento não é mostrado nas fotos.

Posição inicial: levantador

☐ Com a barra posicionada aproximadamente na altura das axilas, no *lado de fora* de um *rack* para levantamento ou agachamento, mova-se em direção à barra e posicione a base do pescoço (ou a metade superior das costas), os quadris e os pés diretamente embaixo dela.
☐ Posicione a barra de forma equilibrada *acima* da parte espinal dos deltoides, na base do pescoço (conforme visto na posição alta da barra no exercício de agachamento dorsal).
☐ Agarre a barra de forma equilibrada, com uma empunhadura fechada e pronada, ligeiramente mais ampla do que a largura dos ombros.
☐ Eleve os cotovelos para propiciar uma base segura com os músculos da região dorsal e dos ombros para repousar a barra. Uma posição alta dos cotovelos também permite que os braços mantenham uma pressão sobre a barra para evitar que ela escorregue pelas costas.
☐ Sinalize ao auxiliar pedindo assistência e, então, estenda os quadris e os joelhos para levantar a barra dos pinos ou das bordas de sustentação. Dê dois ou três passos para trás.
☐ Afaste os pés na largura dos quadris e aponte-os para a frente.
☐ Todas as repetições partem dessa posição.

Posição inicial: auxiliar

☐ Fique em pé na posição ereta e bem próximo atrás do levantador (mas não tão próximo a ponto de se tornar um obstáculo).
☐ Afaste os pés na largura dos ombros, com os joelhos ligeiramente flexionados.
☐ Ao sinal do levantador, ajude a levantar e equilibrar a barra à medida que ela é suspensa do *rack*.
☐ Mova-se junto com o levantador à medida que ele se move para trás, para a posição inicial.
☐ Uma vez que o levantador esteja na posição, mantenha os pés afastados, na largura dos quadris, com os joelhos ligeiramente flexionados e o tronco ereto.
☐ Posicione as mãos próximas dos quadris, da cintura ou do tronco do levantador.

Movimento para a frente: levantador

☐ Comece o exercício dando uma grande passada, diretamente para a frente, com uma perna (a dominante).
☐ Mantenha o tronco ereto e os braços rígidos enquanto o pé dominante se move para a frente e contata o solo. O pé contralateral permanece na sua posição inicial; mas, quando a perna domi-

nante dá um passo à frente, o equilíbrio é transferido para a metade dianteira do pé contralateral, e o joelho contralateral flexiona levemente.
☐ Posicione o pé dominante plano no solo, apontado para a frente ou ligeiramente para dentro. Para ajudar a manter o equilíbrio, esse pé precisa ser colocado diretamente à frente para sua posição inicial; e o tornozelo, o joelho e o quadril dominantes devem ficar em um plano vertical. Não dê um passo um pouco à direita ou à esquerda nem permita que o joelho vire para dentro ou para fora.
☐ Uma vez transferido o equilíbrio para os dois pés e alcançada a estabilidade, flexione o joelho dominante para baixar o joelho contralateral em direção ao solo. Este joelho flexionará um pouco mais, mas não no mesmo grau que o dominante.
☐ O tronco deve permanecer ereto com os ombros deslocados para trás e o olhar para a frente. Ajoelhe-se com o joelho contralateral; não incline para a frente nem olhe para baixo.
☐ A posição corporal ideal mais baixa é a com o joelho contralateral 3 a 5 cm afastado do solo, o joelho dominante flexionado em cerca de 90°, a perna dominante perpendicular ao solo e o pé dominante plano no solo. O joelho dominante não deve ultrapassar a ponta do pé dominante. A profundidade da passada depende basicamente da flexibilidade da articulação dos quadris, especialmente do músculo iliopsoas.
☐ Permita que o tornozelo do pé contralateral fique em dorsiflexão total, com os dedos dos pés totalmente estendidos.

Passada à frente

Posições iniciais

Início das posições do movimento para a frente

EXERCÍCIOS (POLIARTICULARES) PARA OS QUADRIS E AS COXAS ■ 57

Movimento para a frente: auxiliar

☐ Dê um passo à frente com a mesma perna dominante que o levantador.
☐ Mantenha o joelho e o pé dominantes alinhados com o joelho e o pé dominantes do levantador.
☐ Posicione o pé dominante 30 a 46 cm atrás do pé dominante do levantador.
☐ Flexione o joelho dominante ao mesmo tempo em que o levantador flexiona o seu.
☐ Mantenha o tronco ereto.
☐ Mantenha as mãos o mais próximas possível dos quadris, da cintura ou do tronco do levantador.
☐ Auxilie somente quando necessário para manter o levantador equilibrado.

Movimento para trás: levantador

☐ Transfira o equilíbrio para a perna dominante e empurre vigorosamente o solo com o pé dominante, executando a flexão plantar do tornozelo do pé dominante e estendendo o joelho e as articulações do quadril dominantes. Não traga a região superior do corpo para trás; mantenha-a na posição vertical.
☐ Quando o pé dominante se mover para trás em direção ao pé contralateral, o equilíbrio será transferido novamente para o pé contralateral. Isso fará com que o pé contralateral restabeleça o contato com o solo.

Conclusão das posições do movimento para a frente

Posições do movimento para trás

- ☐ Traga o pé dominante de volta para junto do pé contralateral. Não trave o pé no solo nessa passada para trás.
- ☐ Quando a perna dominante estiver plana ao solo na sua posição inicial, divida igualmente o peso corporal entre os dois pés. O tronco deve ficar ereto, semelhante à posição inicial.
- ☐ Fique ereto na posição inicial, faça uma pausa para estabelecer total equilíbrio e então alterne a perna dominante e repita o movimento com a nova perna dominante.
- ☐ Alguns levantadores gostam de dividir mentalmente o movimento em porções menores durante a série para ajudar na correta execução do exercício:
  1. Passada à frente.
  2. Pé dominante plano no solo.
  3. Descida ao solo e passada atrás.
  4. Colocar-se em pé.
  5. Saída.
- ☐ Na conclusão da série, sinalize ao auxiliar para ajudar a recolocar a barra no *rack*, mas mantenha a empunhadura na barra até que ambas as extremidades estejam seguras e imóveis nos pinos ou nas bordas de sustentação.

Movimento para trás: auxiliar

- ☐ Empurre para trás com a perna dominante junto com o levantador.
- ☐ Traga o pé dominante de volta para junto do pé contralateral. Não trave o pé no solo nessa passada atrás.
- ☐ Mantenha as mãos próximas dos quadris, da cintura ou do tronco do levantador.
- ☐ Mantenha-se ereto na posição inicial, faça uma pausa para esperar pelo levantador e alterne a perna dominante.
- ☐ Auxilie somente quando necessário para manter o levantador equilibrado.
- ☐ Ao sinal do levantador, depois de completada a série, ajude-o a recolocar a barra no *rack*.

Exercícios (monoarticulares) para os quadris e as coxas

REGIÃO INFERIOR DO CORPO

DVD 1

Nome	Descrição da ação concêntrica	MÚSCULOS PREDOMINANTES ENVOLVIDOS	
		Grupo muscular ou região corporal	Músculos
Levantamento-terra com os joelhos estendidos	Extensão dos quadris	Glúteos	Glúteo máximo
		Isquiotibiais	Semimembranáceo Semitendíneo Bíceps do fêmur
	Extensão da coluna	Eretores da coluna*	Eretores da espinha
Flexão e extensão da coluna com barra	Extensão dos quadris	Isquiotibiais	Semimembranáceo Semitendíneo Bíceps do fêmur
		Glúteos	Glúteo máximo
	Extensão da coluna	Eretores da espinha*	Eretores da espinha
Extensão dos joelhos (em equipamento)	Extensão dos joelhos	Quadríceps	Vasto lateral Vasto intermédio Vasto medial Reto da coxa
Flexão dos joelhos deitado (em equipamento)	Flexão dos joelhos	Isquiotibiais	Semimembranáceo Semitendíneo Bíceps do fêmur
Flexão dos joelhos sentado (em equipamento)	Os mesmos da flexão dos joelhos deitado (em equipamento)		

*Muitas referências consideram os estabilizadores dos eretores da espinha para esses dois exercícios.

Levantamento-terra com os joelhos estendidos

Levantadores muito bem treinados podem ficar em pé sobre uma plataforma elevada para executar este exercício com uma maior amplitude de movimento. Em vez de encostar as anilhas no solo, o levantador pode abaixar a barra para tocar os pés. Observe que isso requer um grau de flexibilidade extremamente grande nos músculos isquiotibiais, nos glúteos e na região lombar; portanto, muitas pessoas não devem usar uma plataforma elevada. Quase todos os levantadores devem permanecer no solo e abaixar a barra com segurança somente até o nível dos joelhos ou da metade das pernas.

Posição inicial

☐ Observe as orientações sobre a posição corporal preparatória e o levantamento (ver Introdução) a fim de posicionar corretamente o corpo para levantar a barra do solo.
☐ Execute a posição inicial e as fases do movimento ascendente do exercício de levantamento-terra.
☐ As posições da barra e do corpo alcançadas no final da fase de movimento ascendente do exercício de levantamento-terra é a posição inicial para o exercício de levantamento-terra com os joelhos estendidos, mas com uma importante exceção: neste exercício, os joelhos ficam de leve a moderadamente flexionados e *permanecem nessa posição* durante todas as fases dos movimentos descendente e ascendente.
☐ Todas as repetições partem dessa posição.

Posição inicial

Movimentos descendente e ascendente

Movimento descendente

☐ Comece o exercício deixando as costas retas ou levemente arqueadas e depois flexione os quadris para a frente de forma lenta e controlada.
☐ Durante a descida, mantenha os joelhos na mesma posição, de leve a moderadamente flexionados, com as costas retas ou levemente arqueadas e os cotovelos totalmente estendidos.
☐ Continue a fase de movimento descendente até que *um* destes quatro eventos ocorra (eles determinam a amplitude de movimento máxima ou a posição mais baixa):
  1. As anilhas tocam o solo (ou a barra toca os pés de levantadores bem treinados que executam o exercício em pé sobre uma plataforma elevada).
  2. As costas não conseguem ser mantidas na posição ereta ou levemente arqueada.
  3. Os joelhos estendem totalmente.
  4. Os calcanhares elevam-se do solo.
☐ Mantenha o corpo rígido e sob controle; não desestabilize nem relaxe o tronco na posição inferior do movimento.

Movimento ascendente

☐ Levante a barra estendendo os quadris.
☐ Durante a subida, mantenha os joelhos na mesma posição, de leve a moderadamente flexionados, com as costas retas ou levemente arqueadas e os cotovelos totalmente estendidos.
☐ Continue a fase de movimento ascendente até que a posição inicial, em pé, seja alcançada.
☐ Na conclusão da série, flexione lentamente os quadris e os joelhos na mesma velocidade (para manter o tronco ereto) para agachar e retornar a barra ao solo de forma controlada.

Flexão e extensão da coluna com barra

Posição inicial

Observação: a fim de permitir uma visão ótima da técnica do exercício, um *rack* de levantamento ou agachamento não é mostrado nas fotos.

- ☐ Com a barra posicionada aproximadamente na altura das axilas, no *lado de fora* de um *rack* para levantamento ou agachamento, mova-se em direção à barra e posicione a base do pescoço (ou a metade superior das costas), os quadris e os pés diretamente embaixo dela.
- ☐ Posicione a barra de forma equilibrada *acima* da parte espinal dos deltoides, na base do pescoço (conforme visto na posição alta da barra no exercício de agachamento dorsal).
- ☐ Agarre a barra de forma equilibrada com uma empunhadura fechada e pronada, ligeiramente mais ampla do que a largura dos ombros.
- ☐ Eleve os cotovelos para propiciar uma base segura com os músculos da região dorsal e dos ombros para repousar a barra. Uma posição alta dos cotovelos também permite que os braços mantenham uma pressão sobre a barra para evitar que ela escorregue pelas costas.
- ☐ Para remover a barra do *rack*, estenda os quadris e os joelhos para erguê-la dos pinos ou das bordas de sustentação e dê alguns passos para trás. Certifique-se de quaisquer limitações de espaço ao redor do *rack* de levantamento ou agachamento.
- ☐ Posicione o corpo com
  - os pés afastados a uma distância entre a largura dos quadris e a dos ombros;
  - os joelhos ligeiramente flexionados;
  - as pontas dos pés formando um ângulo levemente para fora (cerca de 10º);
  - o tronco ereto, com os ombros puxados para trás, a cabeça inclinada ligeiramente para trás, o peito para cima e para fora, deixando as costas retas ou formando um leve arco; e
  - os cotovelos sempre para cima, a fim de manter a barra na posição.
- ☐ Todas as repetições partem dessa posição.

Movimento descendente

- ☐ Comece o exercício flexionando os quadris de forma lenta e controlada. As nádegas devem se mover bem para trás durante a descida, e os joelhos devem permanecer levemente flexionados.
- ☐ Mantenha as costas retas ou ligeiramente arqueadas e os cotovelos altos. Mantenha o olhar focado para a frente e um pouco acima da linha do horizonte e incline a cabeça levemente para trás.
- ☐ A barra deve ficar um pouco atrás das pontas dos pés na descida; não permita que os calcanhares elevem-se do solo.
- ☐ Continue a fase de movimento descendente até que o tronco fique paralelo ao solo. Se não conseguir alcançar a posição paralela, continue o exercício somente até que a técnica apropriada seja mantida.

EXERCÍCIOS (MONOARTICULARES) PARA OS QUADRIS E AS COXAS 63

☐ Mantenha o corpo rígido e sob controle; não desestabilize nem relaxe o tronco na posição inferior do movimento.

Movimento ascendente

☐ Levante a barra estendendo os quadris de forma lenta e controlada; mantenha os joelhos ligeiramente flexionados.
☐ Mantenha as costas retas ou ligeiramente arqueadas e os cotovelos altos, com a cabeça levemente inclinada para trás.
☐ Continue a fase de movimento ascendente até que a posição inicial em pé seja alcançada.
☐ Ao concluir a série, caminhe lentamente para a frente e retorne a barra nos pinos ou nas bordas de sustentação.

Posição inicial

Movimentos descendente e ascendente

Extensão dos joelhos (em equipamento)

Posição inicial

☐ Sente-se reto no assento, com a cabeça e os quadris igualmente pressionados contra suas respectivas almofadas (i.e., no centro das almofadas, nem à esquerda nem à direita).
☐ Coloque os pés por baixo do rolo estofado; se ajustável, posicione-o de forma que fique em contato com os dorsos dos pés (durante a posição sentado). Talvez seja necessária a ajuda de outra pessoa para reposicionar o rolo, ou seja necessário fazer tentativas de sentar no equipamento, checar o rolo, sair e fazer ajustes, sentar e checar novamente.
☐ A posição no equipamento deve permitir que os joelhos fiquem alinhados com o eixo de rotação do equipamento. Se o encosto for ajustável, mova-o para a frente ou para trás para criar esse alinhamento.
☐ Posicione as coxas, as pernas e os pés na largura dos quadris e paralelos uns aos outros.
☐ Agarre os pega-mãos ou as laterais do assento.
☐ Todas as repetições partem dessa posição.

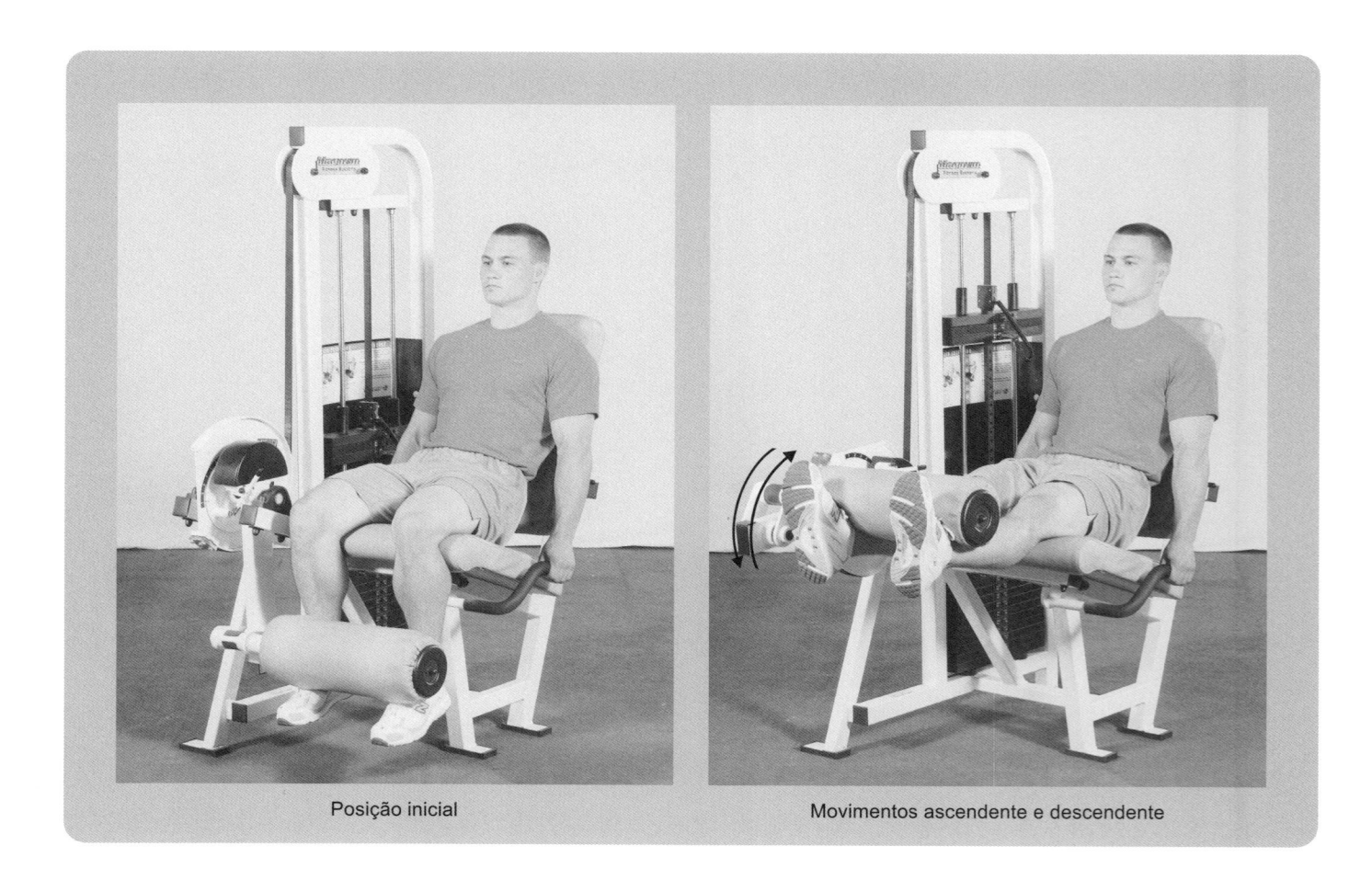

Posição inicial | Movimentos ascendente e descendente

Movimento ascendente

☐ Comece o exercício estendendo os joelhos de forma lenta e controlada.
☐ Mantenha as coxas, as pernas e os pés paralelos uns aos outros; não permita que as coxas se virem para dentro ou para fora (i.e., rotem medial ou lateralmente a partir dos quadris) enquanto os joelhos estendem.
☐ Mantenha uma empunhadura firme nos pega-mãos ou nas laterais do assento durante a subida para minimizar o movimento da região superior do corpo e das coxas.
☐ Não balance as pernas nem arremesse o tronco para trás na tentativa de ajudar a levantar o peso.
☐ Continue a fase de movimento ascendente até que os joelhos fiquem totalmente estendidos, mas não forçosamente travados.

Movimento descendente

☐ Permita que os joelhos flexionem para baixar o rolo lenta e controladamente de volta à posição inicial.
☐ Não abaixe o peso de forma descontrolada.
☐ Mantenha as coxas, as pernas e os pés paralelos uns aos outros.
☐ As costas e os quadris devem permanecer em contato com suas respectivas almofadas.
☐ Ao final da série, retire os pés de baixo do rolo e saia do equipamento.

Flexão dos joelhos deitado (em equipamento)

Posição inicial

☐ Coloque-se em decúbito ventral no banco, com o tronco, os quadris e as coxas repousando igualmente sobre os respectivos estofamentos (i.e., no centro destes, nem à esquerda nem à direita).
☐ Coloque os pés por baixo do rolo estofado; se ajustável, posicione-o de forma que fique em contato com a parte posterior dos calcanhares, logo acima da borda superior dos tênis (na posição deitado). Talvez seja necessária a ajuda de outra pessoa para reposicionar o rolo, ou, ainda, seja necessário fazer tentativas de deitar no equipamento, checar o rolo, sair e fazer ajustes, deitar e checar novamente.
☐ A posição no equipamento deve permitir que os joelhos fiquem alinhados com o eixo de rotação do equipamento. Isso normalmente requer que eles (i.e., pelo menos as patelas) fiquem para fora da borda do estofamento das coxas.
☐ Posicione as coxas, as pernas e os pés na largura dos quadris e paralelos uns aos outros.
☐ Agarre os pega-mãos ou as laterais do estofamento do tronco.
☐ Todas as repetições partem dessa posição.

Movimento ascendente

☐ Comece o exercício flexionando os joelhos de forma lenta e controlada.
☐ Mantenha as coxas, as pernas e os pés paralelos uns aos outros; não permita que as coxas se virem para dentro ou para fora (i.e., rotem medial ou lateralmente a partir dos quadris) enquanto os joelhos flexionam.

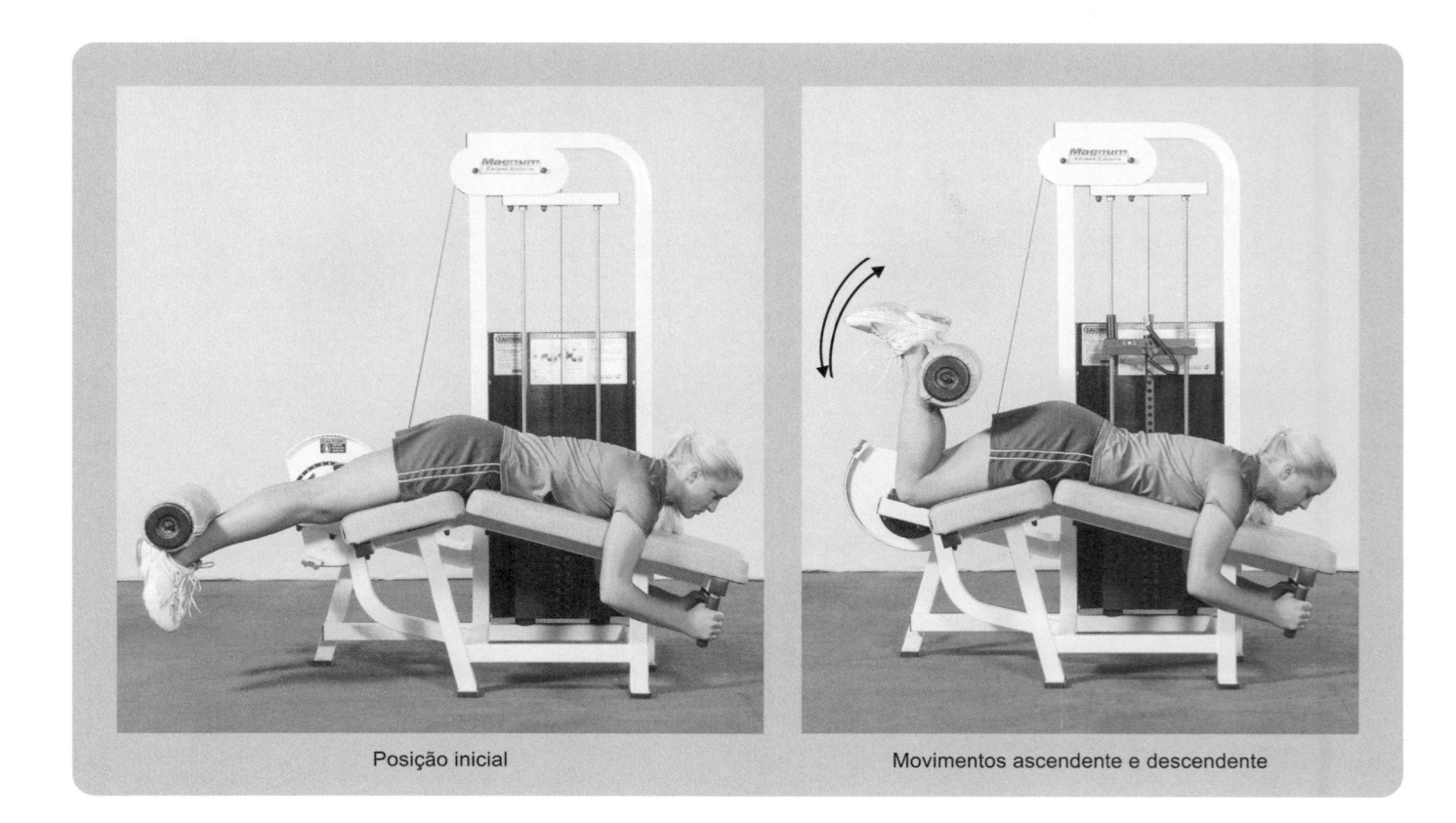

Posição inicial

Movimentos ascendente e descendente

☐ Mantenha uma empunhadura firme nos pega-mãos ou nas laterais do estofamento do tronco durante a subida para minimizar o movimento da região superior do corpo e das coxas.
☐ Para reduzir o estresse na região lombar, não permita que os quadris se elevem (via flexão dos quadris); isso é especialmente importante quando se usam equipamentos para flexão dos joelhos com o banco na horizontal.
☐ Não mova a região superior do corpo nem arremesse bruscamente as pernas para trás na tentativa de ajudar a levantar o peso.
☐ Continue a fase de movimento ascendente até que o rolo quase toque as nádegas. A amplitude de movimento dependerá do comprimento dos membros, da flexibilidade dos quadríceps e do desenho do equipamento.

Movimento descendente

☐ Permita que os joelhos estendam para baixar o rolo lenta e controladamente de volta à posição inicial.
☐ Não abaixe o peso de forma descontrolada.
☐ Mantenha as coxas, as pernas e os pés paralelos uns aos outros.
☐ O tronco, os quadris e as coxas devem permanecer em contato com seus respectivos estofamentos.
☐ Ao final da série, retire os pés de baixo do rolo e saia do equipamento.

Flexão dos joelhos sentado (em equipamento)

Posição inicial

☐ Eleve o rolo estofado das coxas até sua posição mais alta.
☐ Sente-se reto no assento, com a cabeça e os quadris igualmente pressionados contra suas respectivas almofadas (i.e., no centro das almofadas, nem à esquerda nem à direita).
☐ Estenda os joelhos e coloque os pés sobre o rolo estofado; se for ajustável, posicione-o de forma que fique em contato com a parte posterior dos calcanhares ou inferior das panturrilhas (quando sentado). Talvez isso exija uma outra pessoa para reposicionar o rolo, ou, ainda, seja necessário fazer tentativas de sentar no equipamento, checar o rolo, sair e fazer ajustes, sentar e checar novamente.
☐ A posição no equipamento deve permitir que os joelhos fiquem alinhados com o eixo de rotação do equipamento. Se o encosto for ajustável, mova-o para a frente ou para trás para criar esse alinhamento.
☐ Posicione as coxas, as pernas e os pés na largura dos quadris e paralelos uns aos outros.
☐ Abaixe o rolo das coxas de forma que ele pressione *firmemente* as coxas.
☐ Agarre os pega-mãos ou as laterais do assento.
☐ Todas as repetições partem dessa posição.

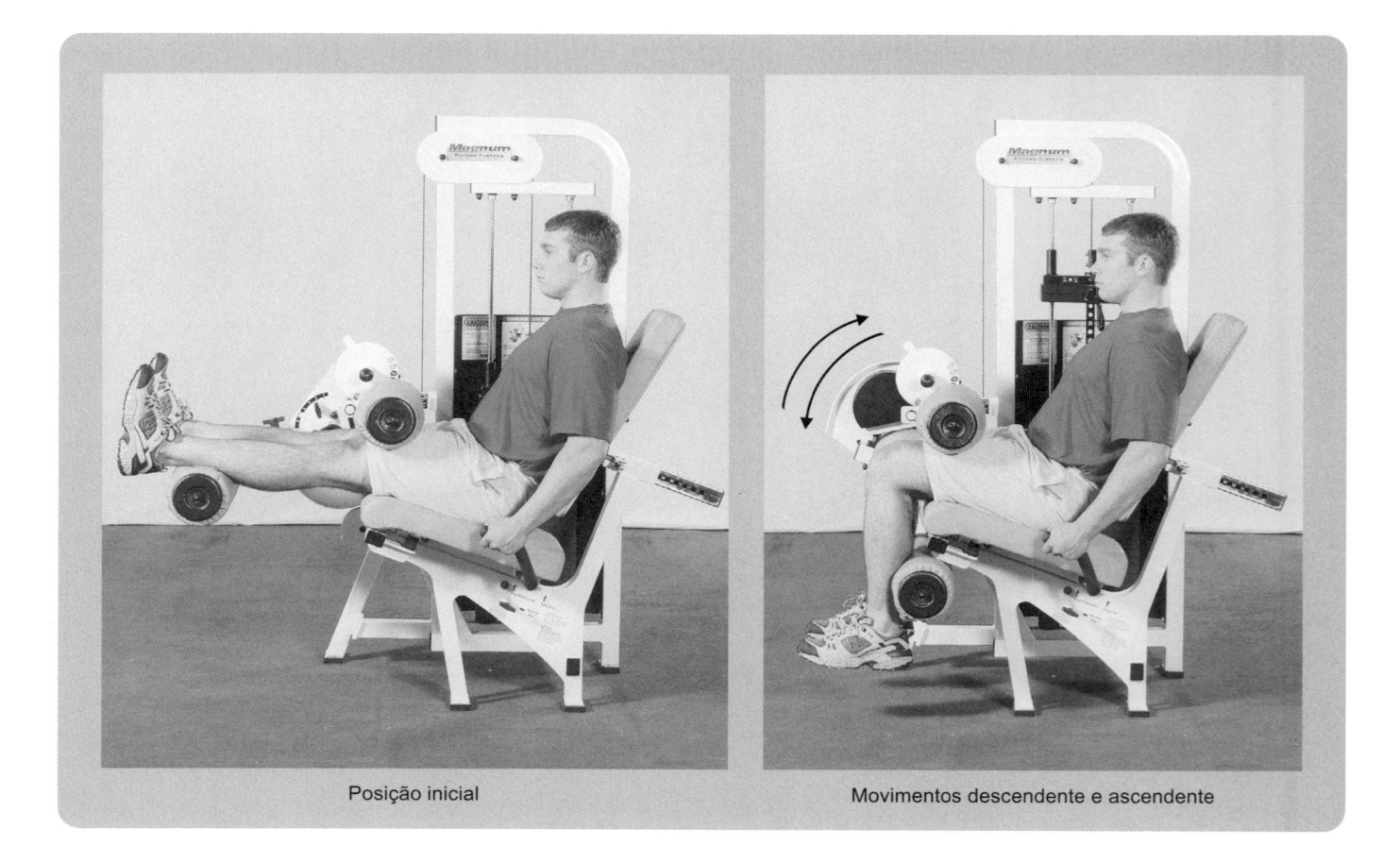

Posição inicial

Movimentos descendente e ascendente

Movimento descendente

☐ Comece o exercício flexionando os joelhos de forma lenta e controlada.
☐ Mantenha as coxas, as pernas e os pés paralelos uns aos outros; não permita que as coxas se virem para dentro ou para fora (i.e., rotem medial ou lateralmente a partir dos quadris) enquanto os joelhos flexionam.
☐ Mantenha uma empunhadura firme nos pega-mãos ou nas laterais do assento para minimizar o movimento da região superior do corpo e das coxas.
☐ Não mova a região superior do corpo nem puxe bruscamente as pernas para baixo na tentativa de ajudar a levantar o peso.
☐ Continue a fase de movimento descendente até que os joelhos fiquem flexionados pelo menos até 90º. A amplitude de movimento dependerá do comprimento dos membros, da flexibilidade dos quadríceps e do desenho do equipamento.

Movimento ascendente

☐ Permita que os joelhos estendam para elevar o rolo lenta e controladamente de volta à posição inicial.
☐ Não abaixe o peso de forma descontrolada.
☐ Mantenha as coxas, as pernas e os pés paralelos uns aos outros.
☐ As costas, os quadris e as coxas devem permanecer em contato com seus respectivos estofamentos.
☐ Ao final da série, levante o rolo estofado das coxas até sua posição mais alta, retire os calcanhares do rolo e saia do equipamento.

Exercícios (monoarticulares) para as panturrilhas

REGIÃO INFERIOR DO CORPO

DVD 1

Nome	Descrição da ação concêntrica	MÚSCULOS PREDOMINANTES ENVOLVIDOS	
		Grupo muscular ou região corporal	Músculos
Flexão plantar sentado (em equipamento)	Flexão plantar	Panturrilhas	*Sóleo* Gastrocnêmio
Flexão plantar em pé (em equipamento)	Os mesmos da flexão plantar sentado (em equipamento)		Sóleo *Gastrocnêmio*

A área das panturrilhas mais enfatizada nesses exercícios está em *itálico*.

Flexão plantar sentado (em equipamento)

Posição inicial

☐ Levante a almofada das coxas (joelhos) até sua posição mais alta.
☐ Sente-se reto no assento e coloque os metatarsos na borda mais próxima dos degraus para os pés, com as pernas e os pés afastados na largura dos quadris e paralelos uns aos outros.
☐ Se a altura do assento for ajustável, posicione-o de forma que as coxas fiquem paralelas ao solo (quando os pés estiverem na posição).
☐ Abaixe a almofada das coxas (joelhos) de forma que ela pressione *firmemente* os joelhos e a parte anterior da região inferior das coxas (o contato da almofada dependerá do comprimento das coxas, da altura do assento e do desenho do equipamento).
☐ Agarre os pega-mãos.
☐ Execute uma flexão plantar para elevar a almofada das coxas (joelhos) de 3 a 5 cm.
☐ Remova o mecanismo de apoio. Há muitas variações desses mecanismos, mas a maioria requer um pega-mão próximo às mãos ou ao corpo para ser virado para fora ou movido.
☐ Lentamente, permita que os calcanhares abaixem totalmente e com controle até uma posição confortável e alongada.
☐ Todas as repetições partem dessa posição.

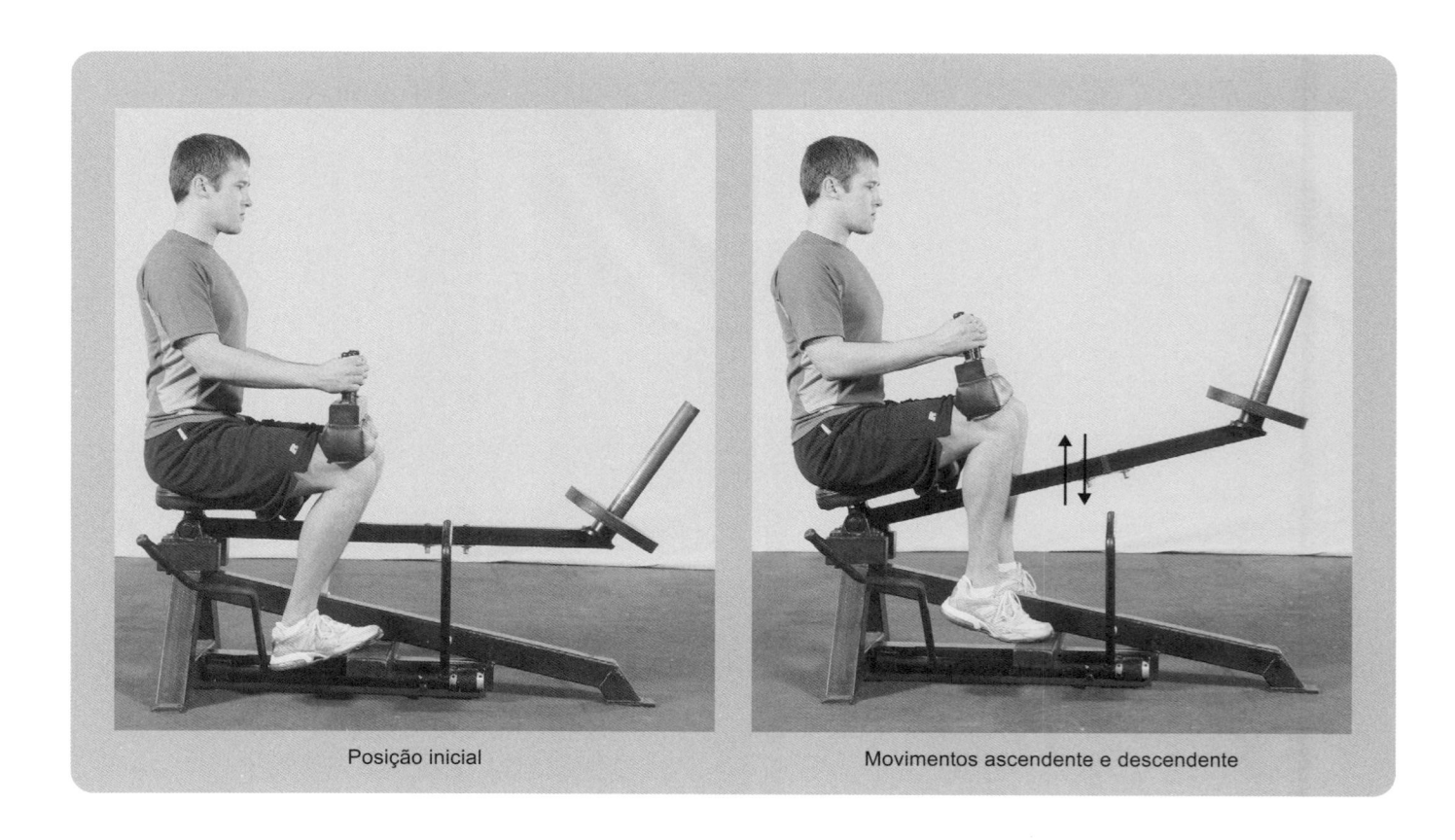

Posição inicial

Movimentos ascendente e descendente

Movimento ascendente

☐ Comece o exercício executando uma flexão plantar de forma lenta e controlada.
☐ Mantenha o tronco ereto, as pernas e os pés paralelos uns aos outros.
☐ Aplique igual pressão em todos os metatarsos; não vire levemente os pés nem para dentro nem para fora para se elevar somente apoiado nos dedos grandes ou nos pequenos.
☐ Não use os braços para puxar os pega-mãos ou a almofada das coxas (joelhos) na tentativa de ajudar a levantar o peso.
☐ Continue a fase de movimento ascendente até que os músculos das panturrilhas fiquem totalmente contraídos (i.e., que os tornozelos fiquem totalmente em flexão plantar).

Movimento descendente

☐ Permita que os calcanhares abaixem lenta e controladamente de volta à posição inicial.
☐ Para facilitar a realização da próxima repetição, não realize o "sobressalto" da carga (peso) na fase inferior do movimento.
☐ Ao final da série, execute levemente uma flexão plantar, vire ou mova o pega-mão para recolocar o apoio em seu lugar e, então, fique em pé e saia do equipamento.

Flexão plantar em pé (em equipamento)

Posição inicial

☐ Posicione equilibradamente o corpo sob as almofadas para os ombros e mantenha-se ereto. Os quadris devem permanecer abaixo dos ombros, com os joelhos estendidos, mas não forçosamente travados.
☐ Agarre os pega-mãos.
☐ Coloque os metatarsos na borda mais próxima do degrau para os pés, com as pernas e os pés afastados na largura dos quadris e paralelos uns aos outros. Reposicione o corpo de forma que os quadris fiquem abaixo dos ombros e os joelhos fiquem totalmente estendidos, mas não forçosamente travados.
☐ Lentamente, permita que os calcanhares abaixem totalmente e com controle até uma posição confortável e alongada. O peso a ser levantado deve ficar *acima* da posição estacionária quando os calcanhares estiverem na sua posição alongada mais baixa. Se não for possível assumir esta posição, diminua em 5 a 8 cm a altura da almofada dos ombros.
☐ Todas as repetições partem dessa posição.

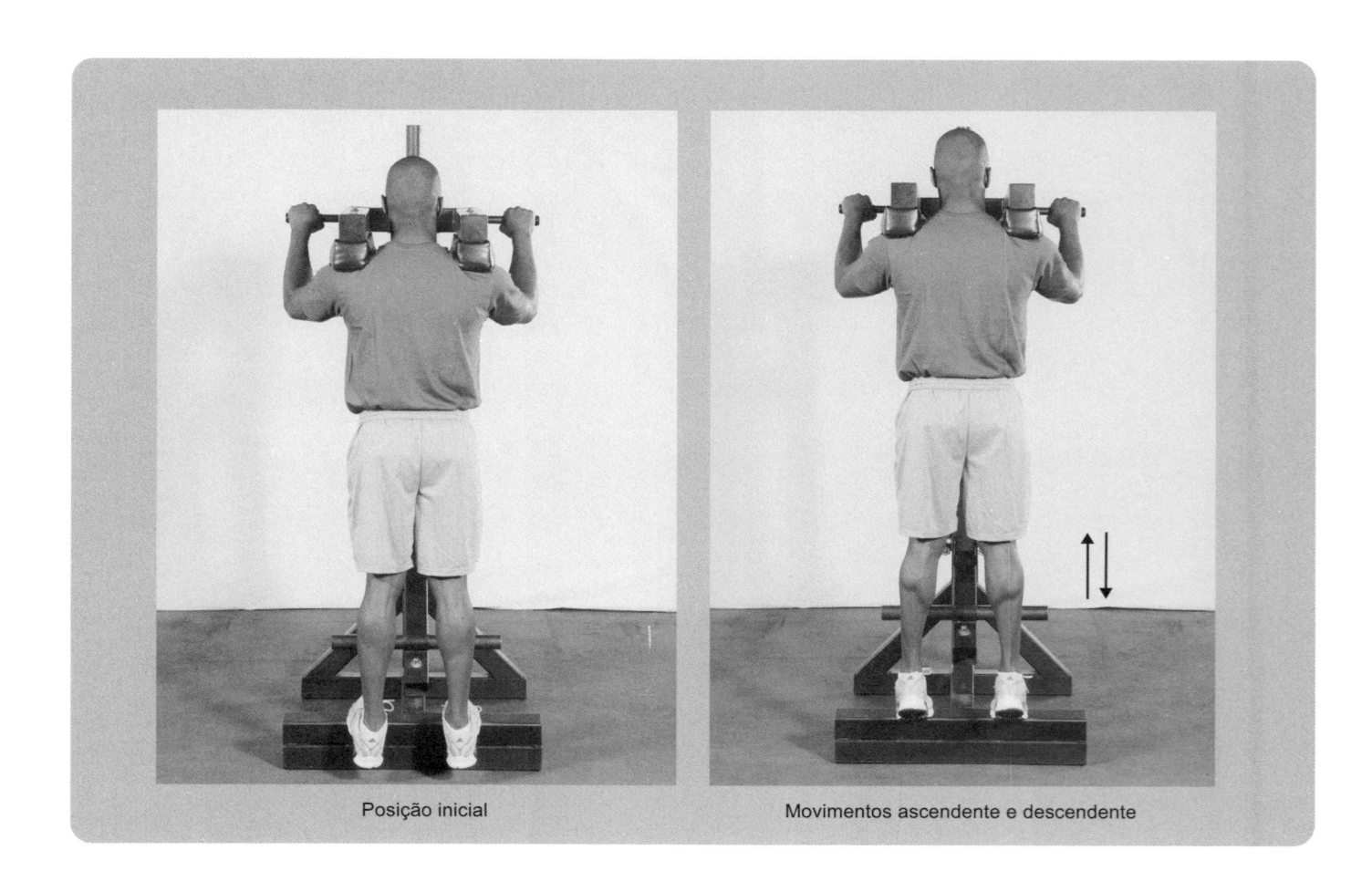

Posição inicial | Movimentos ascendente e descendente

Movimento ascendente

☐ Comece o exercício executando uma flexão plantar de forma lenta e controlada.
☐ Mantenha o tronco ereto e as pernas e os pés paralelos uns aos outros.
☐ Aplique igual pressão em todos os metatarsos; não vire levemente os pés nem para dentro nem para fora para se elevar somente apoiado nos dedos grandes ou nos pequenos.
☐ Não empurre ou balance os quadris para a frente na tentativa de ajudar a levantar o peso.
☐ Continue a fase de movimento ascendente até que os músculos das panturrilhas fiquem totalmente contraídos (i.e., que os tornozelos fiquem totalmente em flexão plantar).

Movimento descendente

☐ Permita que os calcanhares abaixem lenta e controladamente de volta à posição inicial.
☐ Para falicitar a realização da próxima repetição, não realize o "sobressalto" da carga (peso) na fase inferior do movimento.
☐ Ao final da série, flexione lentamente os quadris e os joelhos para abaixar o peso até sua posição estacionária e, então, saia do equipamento.

REGIÃO SUPERIOR DO CORPO

Exercícios (poliarticulares) para o peitoral

REGIÃO SUPERIOR DO CORPO — DVD 2

Nome	Descrição da ação concêntrica	MÚSCULOS PREDOMINANTES ENVOLVIDOS	
		Grupo muscular ou região corporal	Músculos
🖐 Supino reto com barra	Flexão horizontal de ombros	Peitoral	Peitoral maior
		Ombros	Deltoide (parte clavicular)
	Abdução da cintura escapular	Escápulas	Serrátil anterior
		Peitoral	Peitoral menor
	Extensão dos cotovelos	Braço (posterior)	Tríceps braquial
🖐 Supino inclinado com barra	Os mesmos do supino reto com barra		
🖐 Crucifixo	Os mesmos do supino reto com barra		
🖐 Crucifixo inclinado	Os mesmos do supino reto com barra		
Supino reto (*Smith Machine*)	Os mesmos do supino reto com barra		
Supino vertical (em equipamento)	Os mesmos do supino reto com barra		
Mergulho (em equipamento)	Flexão dos ombros	Peitoral	Peitoral maior
		Ombros	Deltoide (parte clavicular)
	Extensão dos cotovelos	Braço (posterior)	Tríceps braquial

🖐 Denota um exercício que requer um auxiliar.

Supino reto com barra

Posição inicial: levantador

☐ Deite-se na posição supina em um banco reto e posicione o corpo de forma a alcançar uma posição de contato corporal de cinco pontos:
 1. A cabeça posicionada firmemente no banco.
 2. Os ombros e a região dorsal posicionados firme e equilibradamente no banco.
 3. As nádegas em equilíbrio no banco.
 4. O pé direito plano no solo.
 5. O pé esquerdo plano no solo.
☐ Ajuste o corpo no banco para posicionar os olhos diretamente abaixo da barra no *rack*.
☐ Agarre a barra de forma equilibrada, com uma empunhadura fechada e pronada, ligeiramente mais ampla do que a largura dos ombros.
☐ Sinalize ao auxiliar pedindo assistência para levantar a barra do *rack* até uma posição acima do peito, com os cotovelos totalmente estendidos. Essa é a "decolagem". Todas as repetições partem dessa posição.

Posição inicial: auxiliar

☐ Fique em pé, na posição ereta, atrás da cabeça do levantador.
☐ Afaste os pés na largura dos ombros, com os joelhos ligeiramente flexionados.

"Decolagem"   Posições iniciais

EXERCÍCIOS (POLIARTICULARES) PARA O PEITORAL ▪ **81**

☐ Agarre a barra com uma empunhadura fechada e alternada entre as mãos do levantador.
☐ Ao sinal do levantador, ajude a retirar a barra do *rack*.
☐ Guie a barra até uma posição acima do peito do levantador.
☐ Solte a barra suavemente.

Movimento descendente: levantador

☐ Comece o exercício abaixando a barra lenta e controladamente em direção ao peito.
☐ Os cotovelos abaixarão, passando pelo tronco, ligeiramente distantes do corpo.
☐ Mantenha os punhos rígidos e os antebraços perpendiculares ao solo e paralelos um ao outro. A largura da empunhadura determinará quão paralelos os antebraços estarão um ao outro.
☐ Desça a barra até que toque levemente o peito, aproximadamente no nível dos mamilos; não balance a barra no peito nem arqueie a região lombar para elevar o peito em direção à barra.
☐ Mantenha a cabeça, o tronco, os quadris e os pés na posição de contato corporal de cinco pontos.

Movimento descendente: auxiliar

☐ Mantenha as mãos na empunhadura alternada, próximas à barra – mas sem tocá-la – durante a descida.
☐ Flexione levemente os joelhos, os quadris e o tronco e mantenha as costas retas durante o acompanhamento da barra.

Movimentos descendente e ascendente

Recolocação da barra no *rack*

Movimento ascendente: levantador

☐ Empurre a barra para cima e muito levemente para trás.
☐ Mantenha a mesma posição estacionária de contato corporal de cinco pontos; não arqueie a região lombar nem eleve as nádegas ou os pés.
☐ Mantenha os punhos rígidos e os antebraços perpendiculares ao solo e paralelos um ao outro.
☐ Continue empurrando a barra para cima até que os cotovelos fiquem totalmente estendidos, mas não forçosamente travados.
☐ Ao término da série, sinalize ao auxiliar para ajudá-lo a recolocar a barra no *rack*, mas mantenha uma empunhadura na barra até que ambas as extremidades estejam seguras e imóveis nos pinos ou nas bordas de sustentação.

Movimento ascendente: auxiliar

☐ Mantenha as mãos na empunhadura alternada, próximas à barra – mas sem tocá-la – durante a subida.
☐ Estenda levemente os joelhos, os quadris e o tronco e mantenha as costas retas durante o acompanhamento da barra.
☐ Ao sinal do levantador, após o término da série, agarre a barra com uma empunhadura alternada entre as mãos do levantador.
☐ Guie a barra de volta ao *rack*.
☐ Mantenha uma empunhadura na barra até que ela esteja segura e imóvel nos pinos ou nas bordas de sustentação.

Supino inclinado com barra

Posição inicial: levantador

☐ Antes de executar este exercício, verifique a altura do assento e ajuste-o a fim de permitir as seguintes condições:
  - As coxas devem ficar aproximadamente paralelas ao solo (com os pés planos). A cabeça deve ficar mais baixa do que a barra no *rack* e repousar no topo do banco.
  - A barra pode ser levantada e retornar aos pinos ou às bordas de sustentação sem atingir o topo da cabeça (o assento está alto demais) ou utilizar as pernas para ajudar a alcançar o *rack* (o assento está baixo demais).
☐ Sente-se no assento de um banco inclinado e então se recoste para estabelecer uma posição de contato corporal de cinco pontos:
  1. A cabeça posicionada firmemente contra o banco.
  2. Os ombros e a região dorsal posicionados firme e equilibradamente contra o banco.
  3. As nádegas em equilíbrio no assento.
  4. O pé direito plano no solo.
  5. O pé esquerdo plano no solo.
☐ Agarre a barra de forma equilibrada com uma empunhadura fechada e pronada, ligeiramente mais ampla do que a largura dos ombros.
☐ Sinalize ao auxiliar, pedindo assistência para levantar a barra do *rack* até uma posição acima do pescoço e do rosto, com os cotovelos totalmente estendidos. Essa é a "decolagem". Todas as repetições partem dessa posição.

Posição inicial: auxiliar

☐ Fique em pé, na posição ereta, atrás da cabeça do levantador.
☐ Afaste os pés na largura dos ombros, com os joelhos ligeiramente flexionados.
☐ Agarre a barra com uma empunhadura fechada e alternada entre as mãos do levantador.
☐ Ao sinal do levantador, ajude a retirar a barra do *rack*.
☐ Guie a barra até uma posição acima do pescoço e do rosto do levantador.
☐ Solte a barra suavemente.

Movimento descendente: levantador

☐ Comece o exercício abaixando a barra lenta e controladamente. Ela tenderá a distanciar-se do corpo, dependendo do ângulo do banco, ainda assim, guie-a em direção à região superior do peito.
☐ Os cotovelos abaixarão, passando pelo tronco, ligeiramente distantes do corpo.
☐ Mantenha os punhos rígidos e os antebraços perpendiculares ao solo e paralelos um ao outro. A largura da empunhadura determinará quão paralelos os antebraços estarão um ao outro.
☐ Desça a barra até que toque levemente o peito, aproximadamente na região superior do peito, entre as clavículas e os mamilos; não balance a barra no peito nem arqueie a região lombar para elevar o peito em direção à barra.

☐ Mantenha a cabeça, o tronco, os quadris e os pés na posição de contato corporal de cinco pontos.

Movimento descendente: auxiliar

☐ Mantenha as mãos na empunhadura alternada, próximas à barra – mas sem tocá-la – durante a descida.
☐ Flexione levemente os joelhos, os quadris e o tronco e mantenha as costas retas enquanto acompanha a barra.

Movimento ascendente: levantador

☐ Empurre a barra para cima e, muito levemente, para trás. Para evitar que caia para a frente (devido à posição angular do tronco), empurre a barra para cima de forma que passe próxima ao rosto mas para fora e distante do peito.
☐ Não arqueie a região lombar nem eleve os quadris ou empurre para cima com as pernas (tentando se levantar); o corpo e os pés não devem se mover das suas posições iniciais.
☐ Mantenha os punhos rígidos e os antebraços perpendiculares ao solo e paralelos um ao outro.
☐ Continue empurrando a barra para cima até que os cotovelos fiquem totalmente estendidos, mas não forçosamente travados.

Supino inclinado com barra

Posições iniciais

Movimentos descendente e ascendente

☐ Ao término da série, sinalize ao auxiliar para ajudá-lo a recolocar a barra no *rack*, mas mantenha uma empunhadura na barra até que ambas as extremidades estejam seguras e imóveis nos pinos ou nas bordas de sustentação.

Movimento ascendente: auxiliar

☐ Mantenha as mãos na empunhadura alternada, próximas à barra – mas sem tocá-la – durante a subida.
☐ Estenda levemente os joelhos, os quadris e o tronco e mantenha as costas retas enquanto acompanha a barra.
☐ Ao sinal do levantador, após o término da série, agarre a barra com uma empunhadura alternada entre as mãos do levantador.
☐ Guie a barra de volta ao *rack*.
☐ Mantenha uma empunhadura na barra até que ela esteja segura e imóvel nos pinos ou nas bordas de sustentação.

Crucifixo

Posição inicial: levantador

☐ Agarre dois halteres de mesmo peso com uma empunhadura fechada. Posicione a superfície externa da metade do dedo mínimo dos halteres contra a parte anterior das coxas (as hastes dos halteres ficarão paralelas uma à outra).
☐ Sente-se em uma extremidade de um banco reto, com os halteres repousando sobre as coxas.
☐ Recoste-se de forma que a cabeça repouse na outra extremidade do banco. Alcançada a posição supina, mova primeiramente os halteres até a região do peito (axilas) e então sinalize ao auxiliar pedindo assistência para movê-los até uma posição com os cotovelos estendidos acima do peito e os antebraços paralelos um ao outro.
☐ Reposicione a cabeça, os ombros, as nádegas e os pés a fim de alcançar uma posição de contato corporal de cinco pontos:
  1. A cabeça posicionada firmemente no banco.
  2. Os ombros e a região dorsal posicionados firme e equilibradamente no banco.
  3. As nádegas em equilíbrio no banco.
  4. O pé direito plano no solo.
  5. O pé esquerdo plano no solo.

Posições iniciais

Movimentos descendente e ascendente

EXERCÍCIOS (POLIARTICULARES) PARA O PEITORAL ■ **87**

☐ A posição mais comum dos halteres é com as hastes alinhadas uma à outra e as palmas voltadas para fora. Outra opção é segurar os halteres em uma posição neutra (i.e., paralelos um ao outro, com as palmas voltadas uma para a outra).
☐ Todas as repetições começam dessa posição com os cotovelos estendidos e os halteres sustentados acima do peito.

Posição inicial: auxiliar

☐ Fique em uma posição corporal baixa (ainda que ereta), bem próximo à cabeça do levantador.
☐ Para estabelecer um apoio estável, fique em uma posição de passada com um joelho no solo e o outro pé plano no solo e à frente do joelho que está apoiado.
☐ Agarre os punhos do levantador.
☐ Ao sinal do levantador, ajude-o a trazer os halteres até uma posição acima do peito.
☐ Solte suavemente os punhos do levantador.

Movimento descendente: levantador

☐ Comece o exercício abaixando os halteres lenta e controladamente em direção ao peito. Para manter uma posição corporal estável no banco, abaixe os dois halteres com a mesma velocidade.

Posição inicial (sem mostrar o auxiliar)

Movimentos descendente e ascendente
(sem mostrar o auxiliar)

- ☐ Mantenha os punhos rígidos, os antebraços perpendiculares ao solo e as hastes dos halteres alinhadas uma com a outra. Minimize quaisquer movimentos para a frente e para trás e de um lado para o outro.
- ☐ Guie os halteres para baixo e levemente para fora até as laterais do peito, próximas às axilas e no mesmo plano vertical dos mamilos.
- ☐ Normalmente, a posição mais baixa dos halteres é de uma profundidade semelhante à adotada no supino reto com barra. Visualize uma barra passando pelas duas hastes dos halteres: a posição inferior dos halteres é onde a barra imaginária tocaria o peito no nível dos mamilos. Os levantadores que executam este exercício com os halteres em uma posição neutra podem baixá-los ainda mais, se desejarem, porque o tronco não obstrui a trajetória dos halteres.
- ☐ Não arqueie a região lombar para elevar o peito.
- ☐ Mantenha a cabeça, o tronco, os quadris e os pés na posição de contato corporal de cinco pontos.

Movimento descendente: auxiliar

- ☐ Mantenha as mãos próximas aos antebraços do levantador – mas sem tocá-los – durante a descida dos halteres.
- ☐ Flexione levemente o tronco (mas mantenha as costas retas) enquanto acompanha os halteres.

Movimento ascendente: levantador

- ☐ Empurre os halteres para cima na mesma velocidade e muito levemente em direção um ao outro para mantê-los sob controle.
- ☐ Mantenha a mesma posição estacionária de contato corporal de cinco pontos; não arqueie a região lombar nem eleve as nádegas ou os pés.
- ☐ Mantenha os punhos rígidos, os antebraços perpendiculares ao solo e as hastes dos halteres alinhadas uma com a outra; não permita que os halteres balancem durante a subida.
- ☐ Continue empurrando os halteres para cima até que os cotovelos fiquem totalmente estendidos. Mantenha os antebraços quase paralelos um ao outro; os halteres podem se mover em direção um ao outro acima do peito; evite que batam um no outro.
- ☐ Ao término da série, primeiro abaixe lentamente os halteres até a região do peito (axilas) e depois, um de cada vez, retorne-os ao solo de forma controlada.

Movimento ascendente: auxiliar

- ☐ Mantenha as mãos próximas aos antebraços do levantador – mas sem tocá-los – durante a subida dos halteres.
- ☐ Estenda levemente o tronco (mas mantenha as costas retas) enquanto acompanha os halteres.

EXERCÍCIOS (POLIARTICULARES) PARA O PEITORAL ■ **89**

Crucifixo inclinado

Posição inicial: levantador

☐ Antes de pegar os halteres, verifique o assento do banco inclinado. Se for ajustável, mova-o a fim de permitir as seguintes condições:
  ■ As coxas devem ficar aproximadamente paralelas ao solo (com os pés planos).
  ■ O corpo deve ficar baixo o suficiente para que a cabeça fique no topo do banco.
  ■ Os halteres não devem atingir a estrutura superior dos *racks* (se houver) durante o exercício.
☐ Agarre dois halteres de mesmo peso com uma empunhadura fechada. Posicione a superfície externa da metade do dedo mínimo dos halteres contra a parte anterior das coxas (as hastes dos halteres ficarão paralelas uma à outra).
☐ Sente-se no assento de um banco inclinado, com os halteres repousando sobre as coxas.
☐ Recoste-se para posicionar a cabeça no topo do banco. Já na posição inclinada, mova primeiramente os halteres até a região do peito (axilas) e então sinalize ao auxiliar pedindo assistência para movê-los até uma posição com os cotovelos estendidos acima do pescoço e do rosto, com os antebraços paralelos um ao outro.
☐ Reposicione a cabeça, os ombros, as nádegas e os pés a fim de alcançar uma posição de contato corporal de cinco pontos:
  1. A cabeça posicionada firmemente contra o banco.
  2. Os ombros e a região dorsal posicionados firme e equilibradamente contra o banco.
  3. As nádegas em equilíbrio no banco.
  4. O pé direito plano no solo.
  5. O pé esquerdo plano no solo.
☐ A posição mais comum dos halteres é com as hastes alinhadas uma à outra, e as palmas voltadas para fora. Outra opção é segurar os halteres em uma posição neutra (i.e., paralelos um ao outro, com as palmas voltadas uma para a outra).
☐ Todas as repetições começam dessa posição com os cotovelos estendidos e os halteres sustentados acima do pescoço e do rosto.

Posição inicial: auxiliar

☐ Fique em pé e ereto atrás da cabeça do levantador.
☐ Afaste os pés na largura dos ombros, com os joelhos ligeiramente flexionados.
☐ Agarre os punhos do levantador.
☐ Ao sinal do levantador, ajude-o a trazer os halteres até uma posição acima do pescoço e do rosto deste.
☐ Solte suavemente os punhos do levantador.

Movimento descendente: levantador

☐ Comece o exercício abaixando os halteres lenta e controladamente em direção ao peito. Para manter uma posição corporal estável no banco, abaixe os dois halteres com a mesma velocidade.
☐ Mantenha os punhos rígidos, os antebraços perpendiculares ao solo e as hastes dos halteres alinhadas uma com a outra. Minimize quaisquer movimentos para a frente e para trás e de um lado para o outro.

☐ Guie os halteres para baixo e levemente para fora até as laterais do peito, próximos às axilas e alinhados com a região superior do peito (entre as clavículas e os mamilos).
☐ Normalmente, a posição mais baixa dos halteres é de uma profundidade semelhante à adotada no supino inclinado com barra. Visualize uma barra passando pelas duas hastes dos halteres: a posição inferior dos halteres é onde a barra imaginária tocaria a região superior do peito. Os levantadores que executam este exercício com os halteres em uma posição neutra podem baixá-los ainda mais, se desejarem, porque o tronco não obstrui a trajetória dos halteres.
☐ Não arqueie a região lombar para elevar o peito.
☐ Mantenha a cabeça, o tronco, os quadris e os pés na posição de contato corporal de cinco pontos.

Movimento descendente: auxiliar

☐ Mantenha as mãos próximas dos antebraços do levantador – mas sem tocá-los – durante a descida dos halteres.
☐ Flexione levemente os joelhos, os quadris e o tronco e mantenha as costas retas enquanto acompanha os halteres.

Movimento ascendente: levantador

☐ Empurre os halteres para cima na mesma velocidade e muito levemente para trás. Para evitar que caiam para a frente (devido à posição angular do tronco), empurre-os acima dos ombros (inicialmente) e do rosto (no final) em vez de para fora e distante do peito.

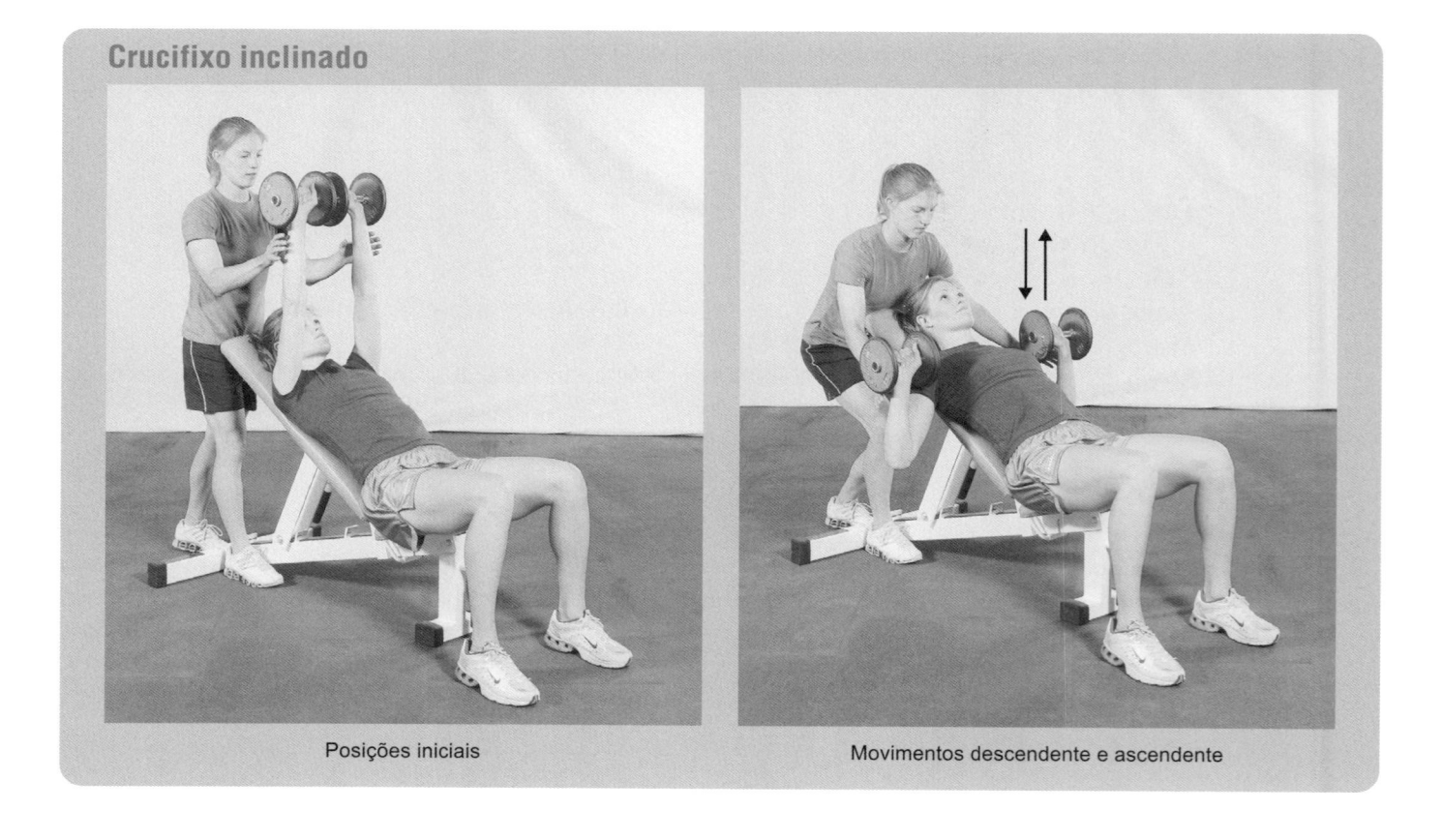

Crucifixo inclinado

Posições iniciais

Movimentos descendente e ascendente

- ☐ Não arqueie a região lombar nem eleve os quadris ou empurre para cima com as pernas (tentando se levantar); o corpo e os pés não devem sair de suas posições iniciais.
- ☐ Mantenha os punhos rígidos, os antebraços perpendiculares ao solo e as hastes dos halteres alinhadas uma com a outra; não permita que os halteres balancem durante a subida.
- ☐ Continue empurrando os halteres para cima até que os cotovelos fiquem totalmente estendidos. Mantenha os antebraços quase paralelos um ao outro; os halteres podem se mover em direção um ao outro, acima do peito; evite que batam um no outro.
- ☐ Ao término da série, primeiro abaixe lentamente os halteres até a região do peito (axilas) e então até as coxas; depois, um de cada vez, retorne-os ao solo de forma controlada.

Movimento ascendente: auxiliar

- ☐ Mantenha as mãos próximas aos antebraços do levantador – mas sem tocá-los – durante a subida dos halteres.
- ☐ Estenda levemente os joelhos, os quadris e o tronco e mantenha as costas retas enquanto acompanha os halteres.

Supino reto (*Smith Machine*)

Antes de sustentar a barra, deite-se no banco para checar a altura da barra em relação ao corpo. Ao deitar em uma posição de contato corporal de cinco pontos e segurar a barra (veja a seguir a descrição da técnica adequada), os cotovelos devem ficar de leve a moderadamente flexionados, de forma que a barra seja levantada do *rack* estendendo-se simultaneamente os cotovelos e rotando-se a barra.

Posição inicial

☐ Deite-se na posição supina em um banco reto e posicione o corpo de forma a alcançar uma posição de contato corporal de cinco pontos:
1. A cabeça posicionada firmemente no banco.
2. Os ombros e a região dorsal posicionados firme e equilibradamente no banco.
3. As nádegas em equilíbrio no banco.
4. O pé direito plano no solo.
5. O pé esquerdo plano no solo.

☐ Ajuste o corpo no banco para posicionar o *peito* diretamente abaixo da barra no *rack*.
☐ Agarre a barra de forma equilibrada, com uma empunhadura fechada e pronada, ligeiramente mais ampla do que a largura dos ombros.
☐ Levemente (ou moderadamente, dependendo do equipamento), rote a barra do *rack* para desenganchá-la dos pinos de sustentação. Mova-a até uma posição acima do peito, com os cotovelos totalmente estendidos. Todas as repetições partem dessa posição.

Posição inicial

Movimentos descendente e ascendente

Movimento descendente

☐ Comece o exercício abaixando a barra lenta e controladamente em direção ao peito.
☐ Os cotovelos abaixarão passando pelo tronco, ligeiramente distantes do corpo.
☐ Mantenha os punhos rígidos e os antebraços perpendiculares ao solo e paralelos um ao outro. A largura da empunhadura determinará quão paralelos os antebraços estarão um ao outro.
☐ Desça a barra até que toque levemente o peito, aproximadamente no nível dos mamilos; não balance a barra sobre o peito nem arqueie a região lombar elevar o peito em direção à barra.
☐ Mantenha a cabeça, o tronco, os quadris e os pés na posição de contato corporal de cinco pontos.

Movimento ascendente

☐ Empurre a barra para cima.
☐ Mantenha a mesma posição estacionária de contato corporal de cinco pontos; não arqueie a região lombar nem eleve as nádegas ou os pés.
☐ Mantenha os punhos rígidos e os antebraços perpendiculares ao solo e paralelos um ao outro.
☐ Continue empurrando a barra para cima até que os cotovelos fiquem totalmente estendidos, mas não forçosamente travados.
☐ Ao término da série, flexione levemente (ou moderadamente, dependendo do equipamento) os cotovelos para alinhar os ganchos da barra com os pinos de sustentação. Mantenha uma empunhadura na barra até que os ganchos, em ambas as extremidades, estejam totalmente presos nos pinos de sustentação.

Supino vertical (em equipamento)

Posição inicial

☐ Antes de executar este exercício, verifique a altura do assento e ajuste-a a fim de permitir as seguintes condições:
- As coxas devem ficar aproximadamente paralelas ao solo (com os pés planos).
- O corpo deve ficar alinhado com os pega-mãos (uma linha imaginária ligando os dois pega-mãos deve cruzar a frente do peito na altura dos mamilos).
- Os braços devem ficar posicionados aproximadamente paralelos ao solo quando os cotovelos estiverem estendidos ao segurar os pega-mãos. Retire o pino da pilha de pesos, sente-se no equipamento e empurre os pega-mãos para a frente para checar a posição dos braços a certa altura do assento.

☐ Sente-se no assento e recoste-se para estabelecer uma posição de contato corporal de cinco pontos:
1. A cabeça posicionada firmemente contra o encosto vertical estofado.
2. Os ombros e a região dorsal posicionados firme e equilibradamente contra o encosto.
3. As nádegas em equilíbrio no assento.
4. O pé direito plano no solo.
5. O pé esquerdo plano no solo.

Posição inicial

Movimentos posterior e anterior

EXERCÍCIOS (POLIARTICULARES) PARA O PEITORAL ■ 95

☐ Agarre os pega-mãos com uma empunhadura fechada e pronada (ou neutra, se preferir).
☐ Se o equipamento possuir um pedal, faça o seguinte:
  1. Use um pé para pressionar o pedal para baixo de forma a conduzir os pega-mãos para a frente.
  2. Agarre os pega-mãos e empurre-os para a frente para estender totalmente os cotovelos.
  3. Solte lentamente o pedal e coloque o pé no solo.
☐ Se não houver um pedal, agarre os pega-mãos, um de cada vez, e empurre-os para a frente para estender totalmente os cotovelos.
☐ Todas as repetições partem dessa posição.

Movimento posterior

☐ Comece o exercício permitindo que os pega-mãos se movam em direção ao corpo de forma lenta e controlada.
☐ Mantenha os punhos rígidos; os braços ficarão aproximadamente paralelos ao solo se o assento tiver sido ajustado adequadamente antes de iniciar o exercício.
☐ Guie os pega-mãos de volta ao peito; não permita que eles se movam rapidamente para trás, para gerar um balanço que ajude na próxima repetição.
☐ Mantenha a cabeça, o tronco, os quadris e os pés na posição de contato corporal de cinco pontos.

Movimento anterior

☐ Empurre os pega-mãos para a frente.
☐ Mantenha a mesma posição estacionária de contato corporal de cinco pontos; não arqueie a região lombar nem eleve as nádegas ou contraia os abdominais (para flexionar o tronco).
☐ Mantenha os punhos rígidos e continue empurrando os pega-mãos até que os cotovelos fiquem totalmente estendidos, mas não forçosamente travados.
☐ Ao término da série, inverta o procedimento do pedal ou guie os pega-mãos para trás até sua posição estacionária, soltando a empunhadura em um pega-mão por vez.

Mergulho (em equipamento)

Posição inicial

☐ Coloque os pés nos suportes para os pés do equipamento e fique ereto.
☐ Agarre os pega-mãos com uma empunhadura fechada e neutra e estenda os cotovelos para levantar o corpo e colocar os joelhos sobre a almofada para os joelhos, com as pernas próximas uma da outra.
☐ Sustente o peso corporal com os cotovelos totalmente estendidos mas não forçosamente travados, e o tronco suspenso a partir dos ombros. Os joelhos devem permanecer na sua almofada.
☐ Incline levemente o tronco para a frente, mantendo as costas retas. Aumentar a inclinação para a frente aumentará o estresse no músculo peitoral maior e na parte clavicular do músculo deltoide. Colocar o tronco em uma posição mais vertical aumentará o estresse no músculo tríceps braquial.
☐ Todas as repetições partem dessa posição.

Movimento descendente

☐ Comece o exercício abaixando o corpo lenta e controladamente, permitindo que os cotovelos flexionem e os ombros estendam.
☐ Mantenha uma leve inclinação do tronco para a frente, mantendo as costas retas.

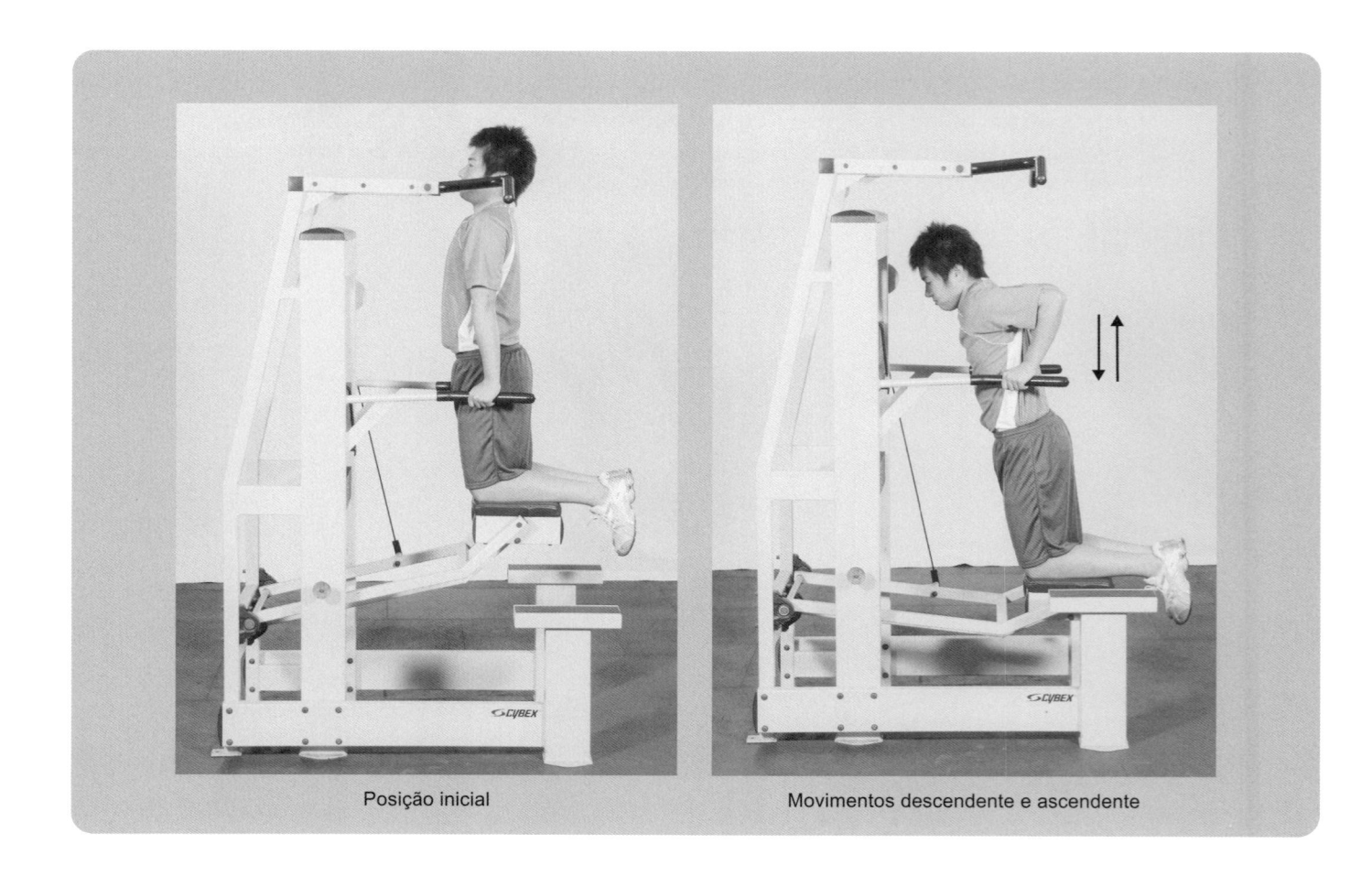

Posição inicial

Movimentos descendente e ascendente

- ☐ Continue abaixando o corpo até que os braços fiquem paralelos ao solo. Abaixar o corpo além desse ponto pode causar lesão à articulação dos ombros.

Movimento ascendente

- ☐ Empurre o corpo para cima estendendo os cotovelos e flexionando os ombros para retornar à posição inicial.
- ☐ Mantenha uma leve inclinação do tronco para a frente, mantendo as costas retas.
- ☐ Continue empurrando o corpo para cima até que os cotovelos fiquem totalmente estendidos, mas não forçosamente travados.
- ☐ Ao término da série, remova os joelhos da almofada e desça para colocar os pés nos suportes do equipamento e depois no solo.

Exercícios (monoarticulares) para o peitoral

REGIÃO SUPERIOR DO CORPO

DVD 2

Nome	Descrição da ação concêntrica	MÚSCULOS PREDOMINANTES ENVOLVIDOS	
		Grupo muscular ou região corporal	Músculos
Voador direto (em equipamento)	Flexão horizontal de ombros	Peitoral	Peitoral maior
		Ombros	Deltoide (parte clavicular)
	Abdução da cintura escapular	Escápulas	Serrátil anterior
		Peitoral	Peitoral menor
🖐 Crucifixo com halteres	Os mesmos do voador direto (em equipamento)		
🖐 Crucifixo inclinado com halteres	Os mesmos do voador direto (em equipamento)		

🖐 Denota um exercício que requer um auxiliar.

Voador direto (em equipamento)

Posição inicial

☐ Antes de executar este exercício, verifique a altura do assento e ajuste-a a fim de permitir as seguintes condições:
- As coxas devem ficar aproximadamente paralelas ao solo (com os pés planos).
- Os ombros devem ficar levemente acima da extremidade inferior das almofadas para os antebraços (ou alinhados com as almofadas para os cotovelos, dependendo do tipo do equipamento).
- Os braços devem ficar paralelos ao solo (ou ligeiramente acima dessa linha) quando os cotovelos flexionarem em 90°, com as mãos suspensas nos pega-mãos. Retire o pino da pilha de pesos, sente-se no equipamento e empurre os pega-mãos para a frente para verificar a posição dos braços a certa altura do assento. Em alguns equipamentos, a almofada do encosto pode estar em um ângulo leve ou moderadamente para trás.

☐ Sente-se no assento e recoste-se para estabelecer uma posição de contato corporal de cinco pontos:
1. A cabeça posicionada firmemente contra o encosto vertical.
2. Os ombros e a região dorsal posicionados firme e equilibradamente contra o encosto vertical.
3. As nádegas em equilíbrio no assento.
4. O pé direito plano no solo.
5. O pé esquerdo plano no solo.

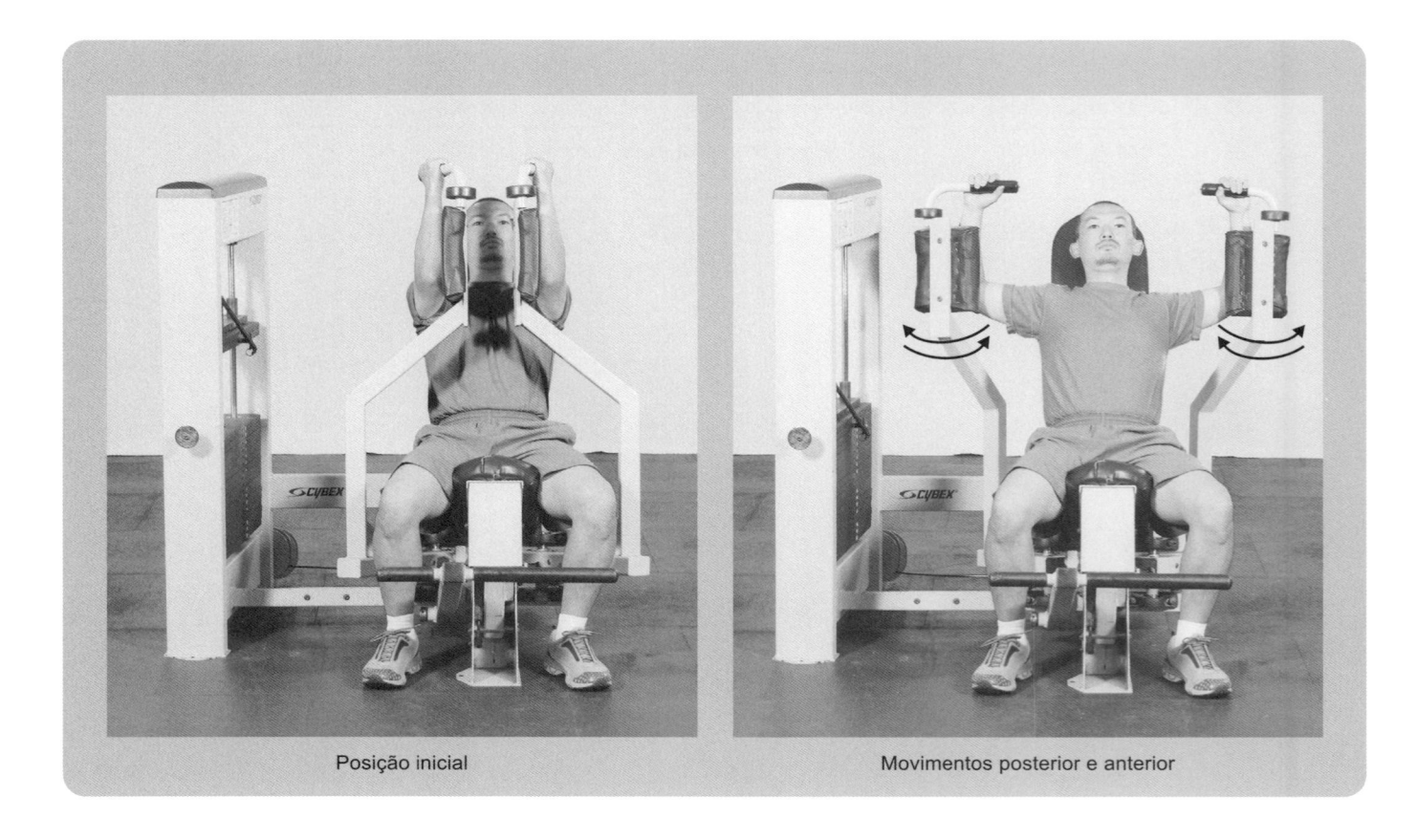

Posição inicial

Movimentos posterior e anterior

- ☐ Agarre os pega-mãos com
  - uma empunhadura fechada e pronada;
  - os cotovelos flexionados em 90°;
  - e os antebraços pressionados contra as pequenas almofadas verticais próximas aos pega-mãos. Se o equipamento possuir almofadas para os cotovelos, pressione a parte interna dos cotovelos contra elas.
- ☐ Se o equipamento possuir um pedal, faça o seguinte:
  1. Use um pé para pressionar o pedal para baixo de forma a conduzir os pega-mãos para a frente.
  2. Agarre os pega-mãos e empurre-os até a frente do rosto.
  3. Solte lentamente o pedal e coloque o pé no solo.
- ☐ Se não houver um pedal, agarre os pega-mãos, um de cada vez, e traga-os até a frente do rosto.
- ☐ Todas as repetições partem dessa posição.

Movimento posterior

- ☐ Comece o exercício permitindo que os pega-mãos girem para fora e para trás, de forma lenta e controlada.
- ☐ Mantenha os punhos rígidos, os antebraços e os cotovelos pressionados contra as almofadas dos braços e os braços paralelos ao solo (ou ligeiramente acima dessa linha).
- ☐ Guie os pega-mãos para trás, para que fiquem alinhados com o peito e entre si; não os mova rapidamente a fim de produzir movimento e ajudar na próxima repetição.
- ☐ Mantenha a cabeça, o tronco, os quadris e os pés na posição de contato corporal de cinco pontos.

Movimento anterior

- ☐ Mova os pega-mãos para fora e depois em direção um ao outro, empurrando os antebraços e os cotovelos juntos. Não puxe simplesmente com as mãos; use o braço inteiro para exercer pressão contra as almofadas para empurrar os pega-mãos juntos.
- ☐ Mantenha a mesma posição estacionária de contato corporal de cinco pontos; não arqueie a região lombar, não eleve as nádegas ou flexione o tronco nem empurre o tronco ou a cabeça para a frente.
- ☐ Mantenha os punhos rígidos, os antebraços e os cotovelos pressionados contra as almofadas dos braços e os braços paralelos ao solo.
- ☐ Continue empurrando os pega-mãos até a frente do rosto (ou até o máximo que se deslocarem para a frente).
- ☐ Ao término da série, inverta o procedimento do pedal ou guie os pega-mãos para trás, girando levemente o corpo para cada lado para retornar cada pega-mão (um de cada vez) à sua posição estacionária.

Crucifixo com halteres

Posição inicial: levantador

☐ Agarre dois halteres de mesmo peso com uma empunhadura fechada. Posicione a superfície externa, a da metade do dedo mínimo, dos halteres contra a parte anterior das coxas (as hastes dos halteres ficarão paralelas uma à outra).
☐ Sente-se em uma extremidade de um banco reto, com os halteres repousando sobre as coxas.
☐ Recoste-se de forma que a cabeça repouse na outra extremidade do banco. Alcançada a posição supina, mova primeiramente os halteres até a região do peito (axilas) e, então, sinalize ao auxiliar pedindo assistência para movê-los até uma posição com os cotovelos estendidos acima do peito, com os antebraços paralelos um ao outro.
☐ Reposicione a cabeça, os ombros, as nádegas e os pés a fim de alcançar uma posição de contato corporal de cinco pontos:
  1. A cabeça posicionada firmemente no banco.
  2. Os ombros e a região dorsal posicionados firme e equilibradamente no banco.
  3. As nádegas em equilíbrio no banco.
  4. O pé direito plano no solo.
  5. O pé esquerdo plano no solo.
☐ Rote os halteres para colocá-los em uma posição neutra das mãos, com as hastes paralelas uma à outra e os cotovelos apontados lateralmente.
☐ Flexione levemente os cotovelos e mantenha essa posição flexionada ao longo de todo o exercício.

Posições iniciais

Movimentos descendente e ascendente

□ Todas as repetições começam com os braços nessa posição, com os halteres sustentados acima do peito.

Posição inicial: auxiliar

□ Fique em uma posição corporal baixa (mantendo-se ereto), bem próximo da cabeça do levantador.
□ Para estabelecer um apoio estável, fique em uma posição de passada, com um joelho no solo e o outro pé plano no solo e à frente do joelho que está apoiado.
□ Agarre os punhos do levantador.
□ Ao sinal do levantador, ajude-o a trazer os halteres até uma posição acima do peito deste.
□ Solte suavemente os punhos do levantador.

Movimento descendente: levantador

□ Comece o exercício abaixando os halteres lenta e controladamente, descrevendo um amplo arco. Nenhum movimento deve ocorrer na articulação dos cotovelos; somente nos ombros. Para manter uma posição corporal estável no banco, abaixe os dois halteres com a mesma velocidade.
□ Mantenha os punhos rígidos e os cotovelos travados em uma posição levemente flexionada, com as hastes dos halteres paralelas uma à outra ao longo do movimento.
□ As mãos, os punhos, os antebraços, os cotovelos, os braços e os ombros devem permanecer quase no mesmo plano vertical, perpendiculares ao solo.

Posição inicial (sem mostrar o auxiliar)

Movimentos descendente e ascendente (sem mostrar o auxiliar)

☐ Os cotovelos devem mudar da posição *apontados lateralmente para fora* para a posição *apontados para o solo* durante a fase de movimento descendente.
☐ Continue abaixando os halteres em amplos arcos até que fiquem nivelados com o topo do peito.
☐ Mantenha a cabeça, o tronco, os quadris e os pés na posição de contato corporal de cinco pontos.

Movimento descendente: auxiliar

☐ Mantenha as mãos próximas dos antebraços do levantador – mas sem tocá-los – durante a descida dos halteres.
☐ Flexione levemente o tronco (mas mantenha as costas retas) enquanto acompanha os halteres.

Movimento ascendente: levantador

☐ Empurre os halteres para cima mantendo-os sob controle e descrevendo um amplo arco. Imagine que está suspendendo um tronco de árvore muito grande com as mãos.
☐ Mantenha os punhos rígidos e os cotovelos travados, em uma posição levemente flexionada.
☐ Mantenha a mesma posição estacionária de contato corporal de cinco pontos; não arqueie a região lombar, tampouco eleve as nádegas, os pés ou os ombros na tentativa de ajudar a levantar os halteres.
☐ As mãos, os punhos, os antebraços, os cotovelos, os braços e os ombros devem permanecer quase no mesmo plano vertical durante a fase de movimento ascendente.
☐ Continue elevando os halteres até ficarem acima do peito, na posição inicial.
☐ Ao término da série, primeiro abaixe lentamente os halteres até a região do peito (axilas) e depois, um de cada vez, retorne-os ao solo de forma controlada.

Movimento ascendente: auxiliar

☐ Mantenha as mãos próximas dos antebraços do levantador – mas sem tocá-los – durante a subida dos halteres.
☐ Estenda levemente o tronco (mas mantenha as costas retas) enquanto acompanha os halteres.

Crucifixo inclinado com halteres

Posição inicial: levantador

☐ Antes de pegar os halteres, verifique o assento do banco inclinado. Se for ajustável, mova-o a fim de permitir as seguintes condições:
  ▪ As coxas devem ficar aproximadamente paralelas ao solo (com os pés planos).
  ▪ O corpo deve ficar baixo o suficiente para que a cabeça fique no topo do banco.
  ▪ Os halteres não devem atingir a estrutura superior do *rack* (se houver) durante o exercício.
☐ Agarre dois halteres de mesmo peso com uma empunhadura fechada. Posicione a superfície externa, a da metade do dedo mínimo, dos halteres contra a parte anterior das coxas (as hastes dos halteres ficarão paralelas uma à outra).
☐ Sente-se no assento do banco inclinado, com os halteres repousando sobre as coxas.
☐ Recoste-se para posicionar a cabeça no topo do banco. Já na posição inclinada, mova primeiramente os halteres até a região do peito (axilas) e, então, sinalize ao auxiliar pedindo assistência para movê-los até uma posição com os cotovelos estendidos acima do pescoço e do rosto, com os antebraços paralelos um ao outro.
☐ Reposicione a cabeça, os ombros, as nádegas e os pés a fim de alcançar uma posição de contato corporal de cinco pontos:
  1. A cabeça posicionada firmemente contra o banco.
  2. Os ombros e a região dorsal posicionados firme e equilibradamente contra o banco.
  3. As nádegas em equilíbrio no banco.
  4. O pé direito plano no solo.
  5. O pé esquerdo plano no solo.
☐ Rote os halteres para colocá-los em uma posição neutra das mãos, com as hastes paralelas uma à outra e os cotovelos apontados lateralmente.
☐ Flexione levemente os cotovelos e mantenha essa posição flexionada ao longo de todo o exercício.
☐ Todas as repetições começam com as mãos nessa posição e com os halteres sustentados acima do pescoço e do rosto.

Posição inicial: auxiliar

☐ Fique em pé e ereto atrás da cabeça do levantador.
☐ Afaste os pés na largura dos ombros, com os joelhos ligeiramente flexionados.
☐ Agarre os punhos do levantador.
☐ Ao sinal do levantador, ajude-o a trazer os halteres até uma posição acima do pescoço e do rosto deste.
☐ Solte suavemente os punhos do levantador.

Movimento descendente: levantador

☐ Comece o exercício abaixando os halteres lenta e controladamente, descrevendo um amplo arco. Nenhum movimento deve ocorrer na articulação dos cotovelos, somente nos ombros. Para manter uma posição corporal estável no banco, abaixe os dois halteres com a mesma velocidade.

☐ Mantenha os punhos rígidos e os cotovelos travados numa posição levemente flexionada, com as hastes dos halteres paralelas uma à outra ao longo do movimento.
☐ As mãos, os punhos, antebraços, cotovelos, braços e ombros devem permanecer quase no mesmo plano vertical, perpendiculares ao solo (apesar da posição corporal inclinada).
☐ Os cotovelos devem mudar da posição *apontados lateralmente para fora* para a posição *apontados para o solo* durante a fase de movimento descendente.
☐ Continue abaixando os halteres em amplos arcos até que fiquem nivelados com os ombros, e não com o peito. Se a trajetória dos halteres estiver muito baixa (i.e., em direção aos pés e distantes do pescoço e do rosto), eles serão muito mais difíceis de controlar.
☐ Mantenha a cabeça, o tronco, os quadris e os pés na posição de contato corporal de cinco pontos.

Movimento descendente: auxiliar

☐ Mantenha as mãos próximas os antebraços do levantador – mas sem tocá-los – durante a descida dos halteres.
☐ Flexione levemente os joelhos, os quadris e o tronco e mantenha as costas retas enquanto acompanha os halteres.

Movimento ascendente: levantador

☐ Empurre os halteres para cima, sob controle, descrevendo um amplo arco. Imagine que está suspendendo um tronco de árvore muito grande com as mãos.
☐ Mantenha os punhos rígidos e os cotovelos travados, em uma posição levemente flexionada.

Crucifixo inclinado com halteres

Posições iniciais

Movimentos descendente e ascendente

☐ Mantenha a mesma posição estacionária de contato corporal de cinco pontos. Não arqueie a região lombar; tampouco eleve as nádegas, os pés ou os ombros; também não empurre com as pernas na tentativa de ajudar a levantar os halteres.
☐ As mãos, os punhos, os antebraços, os cotovelos, os braços e os ombros devem permanecer quase no mesmo plano vertical durante a fase de movimento ascendente.
☐ Continue elevando os halteres até ficarem acima do pescoço e do rosto, na posição inicial.
☐ Ao término da série, primeiro abaixe lentamente os halteres até a região do peito (axilas) e então até as coxas; depois, um de cada vez, retorne-os ao solo de forma controlada.

Movimento ascendente: auxiliar

☐ Mantenha as mãos próximas dos antebraços do levantador – mas sem tocá-los – durante a subida dos halteres.
☐ Estenda levemente os joelhos, os quadris e o tronco e mantenha as costas retas enquanto acompanha os halteres.

Exercícios (poliarticulares) para as costas

REGIÃO SUPERIOR DO CORPO

DVD 2

Nome	Descrição da ação concêntrica	MÚSCULOS PREDOMINANTES ENVOLVIDOS	
		Grupo muscular ou região corporal	Músculos
Puxada pela frente (em equipamento)	Adução dos ombros	Região dorsal	Latíssimo do dorso Redondo maior
	Retração (adução) escapular	Região dorsal e central do dorso	Trapézio (parte transversa) Romboides
	Extensão dos ombros	Costas	Latíssimo do dorso Redondo maior
		Ombros	Deltoide (parte espinal)
	Flexão dos cotovelos	Braços (parte anterior)	Braquial Bíceps braquial Braquiorradial
Remada curvada	Os mesmos da puxada pela frente (em equipamento), porém a ação concêntrica não inclui a adução dos ombros		
Serrote com haltere	Os mesmos da puxada pela frente (em equipamento), porém a ação concêntrica não inclui a adução dos ombros		
Remada sentado na roldana baixa (em equipamento)	Os mesmos da puxada pela frente (em equipamento), porém a ação concêntrica não inclui a adução dos ombros		
Remada sentado (em equipamento)	Os mesmos da puxada pela frente (em equipamento), porém a ação concêntrica não inclui a adução dos ombros		

Puxada pela frente (em equipamento)

Posição inicial

☐ Agarre a barra longa com uma empunhadura fechada e pronada. Vários tipos de barra podem ser utilizados para este exercício; a maioria mede de 91 a 122 cm de comprimento e possui extremidades levemente angulares.
☐ Uma largura de empunhadura comum ao utilizar a barra longa envolve o posicionamento dos dedos indicadores nas curvaturas externas da barra. Se a barra for inteiramente reta, use uma empunhadura mais ampla do que a largura dos ombros, igualmente espaçada na barra.
☐ Puxe a barra para baixo e mova-a para uma das seguintes posições:
  - Se o assento for fixado ao equipamento, sente-se de frente para a pilha de pesos, com as coxas debaixo do estofado para as coxas e os pés planos no solo, se possível. Se o assento for ajustável, posicione as coxas aproximadamente paralelas ao solo, com os pés planos no solo.
  - Se não houver um assento fixado ao equipamento, ajoelhe-se, com uma só perna de frente para o equipamento e debaixo da roldana do alto. Posicione o outro pé à frente do corpo, plano no solo.
☐ Os cotovelos devem ficar totalmente estendidos, com a carga selecionada suspensa acima da pilha restante de pesos.

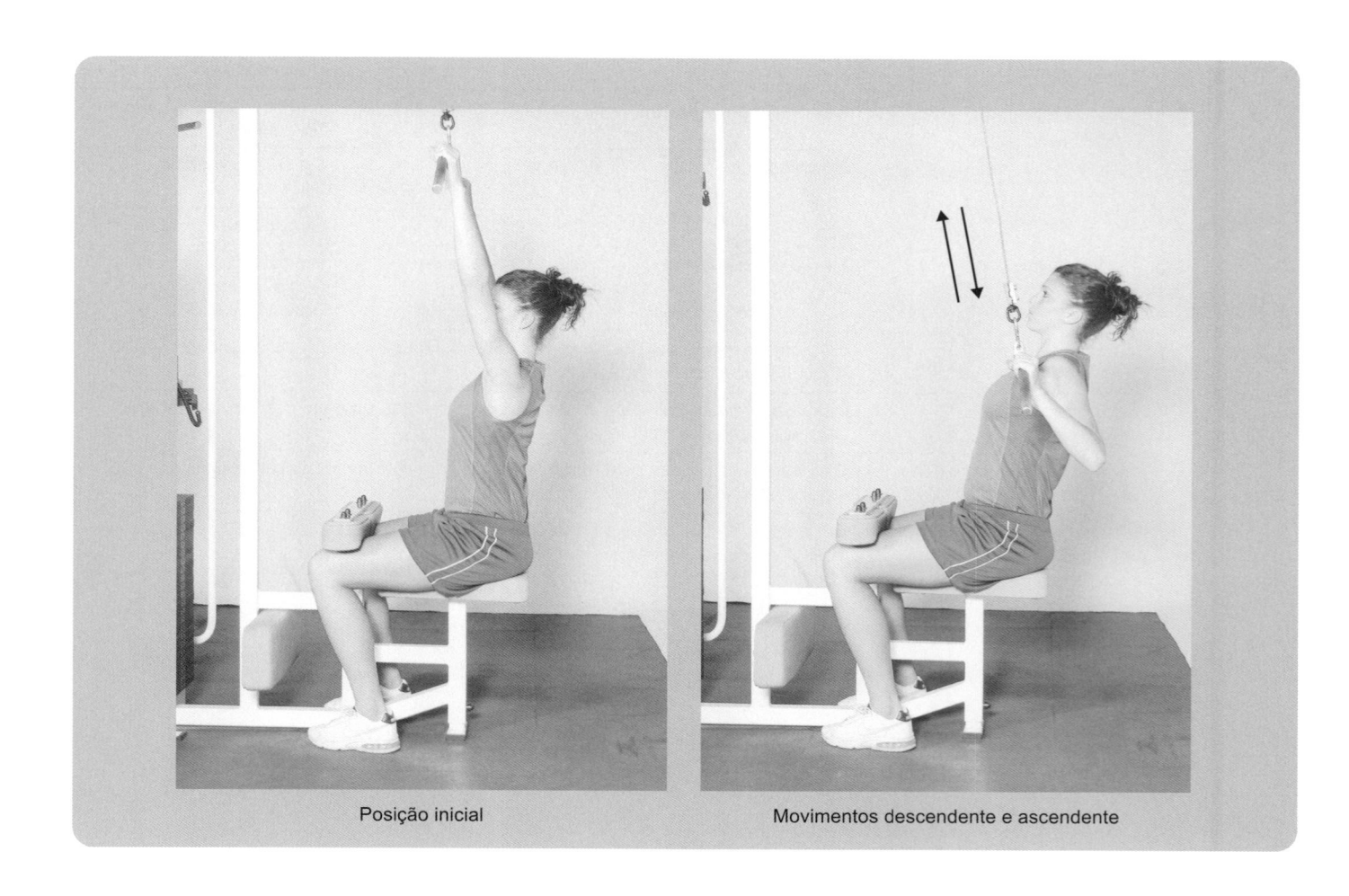

Posição inicial | Movimentos descendente e ascendente

- ☐ Antes de iniciar o exercício, incline levemente o tronco para trás e estenda o pescoço para deixar o caminho livre para a barra passar pelo rosto ao ser puxada. Essa posição também reduzirá o estresse de contato nas articulações dos ombros. Todas as repetições partem dessa posição.

Movimento descendente

- ☐ Comece o exercício abaixando a barra. Durante a descida da barra, os cotovelos devem se projetar para baixo e para trás; e o peito para cima e para fora.
- ☐ Quando a barra se aproximar do rosto, estenda levemente o pescoço para alinhar a cabeça com o resto da coluna vertebral. Isso evitará que a barra atinja a testa, o nariz ou o queixo durante a descida.
- ☐ Mantenha a mesma posição corporal estacionária; não incline ou jogue bruscamente o tronco muito para trás na tentativa de ajudar a puxar a barra.
- ☐ Continue puxando a barra *em direção ao corpo* (não apenas para baixo) até que ela toque levemente a clavícula e a parte superior do peito. O tronco ainda deve estar levemente inclinado para trás na posição mais baixa da barra.

Movimento ascendente

- ☐ Guie a barra de forma lenta e controlada de volta para cima, até a posição inicial; não permita que ela puxe bruscamente os braços.
- ☐ Mantenha a mesma inclinação do tronco para trás e a mesma posição da região inferior do corpo.
- ☐ Os cotovelos devem ficar totalmente estendidos ao final da fase do movimento ascendente.
- ☐ Ao término da série, levante-se devagar e guie a barra controladamente até sua posição estacionária.

Remada curvada

Posição inicial

☐ Agarre a barra de forma equilibrada, com uma empunhadura fechada e pronada mais ampla do que a largura dos ombros.
☐ Siga as orientações sobre a posição corporal preparatória e o levantamento (ver Introdução) para levantar a barra do solo até a parte dianteira das coxas. O corpo deve ficar totalmente ereto antes de mudar para a posição do tronco flexionado da remada curvada.
☐ Afaste os pés na largura dos ombros (ou ligeiramente mais ampla), com os joelhos levemente flexionados.
☐ Flexione o tronco para que fique levemente acima da linha paralela ao solo, mantendo a mesma posição dos joelhos flexionados.
☐ Puxe os ombros para trás, empurre o peito para fora e estenda levemente o pescoço para estabelecer uma posição com costas retas ou levemente côncavas (não arredondadas). Não tente olhar para o teto; apenas foque o solo a uma curta distância à frente dos pés.
☐ Permita que a barra fique suspensa na extensão total dos cotovelos; ajuste a amplitude de flexão dos joelhos e do tronco de forma que as anilhas não toquem o solo. Todas as repetições partem dessa posição.

Movimento ascendente

☐ Comece o exercício puxando a barra em direção ao tronco; os cotovelos devem ficar apontados lateralmente para fora; os punhos devem ser mantidos retos. Não gire a barra para cima.

- ☐ Mantenha a mesma posição corporal estacionária; não eleve os ombros, tampouco balance o corpo (i.e., estenda a coluna) ou hiperestenda o pescoço, também não estenda os joelhos ou eleve-se nas pontas dos pés na tentativa de ajudar a levantar a barra.
- ☐ Continue puxando a barra até que ela toque o esterno ou a parte superior do abdome. Na posição superior da barra, os cotovelos ficarão mais altos do que o tronco (quando vistos de lado).

Movimento descendente

- ☐ Abaixe a barra lenta e controladamente até a posição inicial; não flexione o tronco nem estenda os joelhos ou permita que o peso do corpo seja transferido para as pontas dos pés.
- ☐ Mantenha o tronco imóvel, as costas retas, os joelhos flexionados e os pés planos no solo.
- ☐ Os cotovelos devem ficar totalmente estendidos ao final da fase do movimento descendente.
- ☐ Ao término da série, flexione lentamente e com a mesma velocidade os quadris e os joelhos para agachar e retornar a barra ao solo de forma controlada.

Serrote com haltere

Posição inicial

☐ Fique em pé do lado direito de um banco reto (com o corpo perpendicular, não paralelo, ao comprimento do banco) com um haltere no solo, próximo ao pé direito.
☐ Ajoelhe-se no banco com a perna esquerda e incline-se para a frente para apoiar a mão esquerda no banco em frente ao joelho esquerdo. Posicione a mão, distante o suficiente, à frente do joelho no banco, de forma que o braço esquerdo e a coxa esquerda fiquem aproximadamente paralelos um ao outro.
☐ Aproxime o pé direito da lateral do banco, com os dedos apontados para a frente. A parte interna da coxa ou do joelho direitos deve ficar bem próxima da lateral direita do banco.
☐ Flexione levemente o joelho direito e mantenha essa posição flexionada durante o exercício.
☐ Desça a mão direita e agarre o haltere com uma empunhadura neutra fechada.
☐ Reposicione os quadris, o joelho direito e o cotovelo esquerdo para posicionar o tronco aproximadamente paralelo ao solo, com o haltere suspenso na extensão total do cotovelo.
☐ Puxe os ombros para trás, empurre o peito para fora e estenda levemente o pescoço para estabelecer uma posição reta das costas. Não tente olhar para o teto; apenas foque o solo a uma curta distância à frente dos pés.
☐ Permita que o haltere fique suspenso com a extensão total dos cotovelos. Todas as repetições partem dessa posição.

Posição inicial

Movimentos ascendente e descendente

Movimento ascendente

☐ Comece o exercício puxando o haltere em direção ao tronco; o braço e o cotovelo direitos devem ficar próximos à lateral do corpo, com o punho reto. Não gire o haltere para cima ou para dentro.
☐ Mantenha a mesma posição corporal estacionária; não mexa a região superior do corpo na tentativa de ajudar a levantar o haltere.
☐ Continue puxando o haltere até que ele toque o lado direito do gradil costal. Na posição superior do haltere, o cotovelo direito ficará mais alto do que o tronco (quando visto de lado).

Movimento descendente

☐ Abaixe o haltere lenta e controladamente até a posição inicial; não permita que ele puxe o braço em um solavanco.
☐ Mantenha o tronco imóvel, as costas retas, o joelho direito flexionado e o pé direito plano no solo.
☐ Ao término da série com o braço direito, solte o haltere no solo, fique em pé na lateral esquerda do banco e repita o procedimento usando o braço esquerdo.

Remada sentado na roldana baixa (em equipamento)

Posição inicial

☐ Sente-se no solo (ou no assento estofado longo, se houver) olhando para o equipamento.
☐ Posicione os pés na estrutura do equipamento ou no apoio para os pés.
☐ Flexione os joelhos e os quadris para alcançar a frente e agarrar os pega-mãos com uma empunhadura neutra fechada. Vários tipos de dispositivos podem ser utilizados para este exercício; um dos mais comuns é um pega-mão duplo de formato triangular que posiciona as mãos em uma empunhadura neutra.
☐ Puxe os pega-mãos para trás e sente-se em uma posição ereta, com o tronco perpendicular ao solo, os joelhos levemente flexionados e os pés e as pernas paralelos uns aos outros.
☐ Os cotovelos devem ficar totalmente estendidos; e os braços, paralelos ao solo (ou levemente abaixo dessa linha), com a carga selecionada suspensa acima da pilha restante de pesos. Todas as repetições partem dessa posição.

Movimento posterior

☐ Comece o exercício puxando os pega-mãos em direção ao abdome. Os cotovelos devem ficar relativamente próximos ou juntos às laterais do tronco, *não* apontados direta e lateralmente para fora.
☐ Mantenha a mesma posição corporal estacionária; não mexa o tronco nem estenda os joelhos ou incline-se rapidamente mais para trás na tentativa de ajudar a puxar os pega-mãos.
☐ Continue puxando os pega-mãos até que os antebraços ou os punhos pressionem contra o tronco, ou até que os pega-mãos (ou a barra, dependendo de qual dispositivo for usado) toquem o abdome.

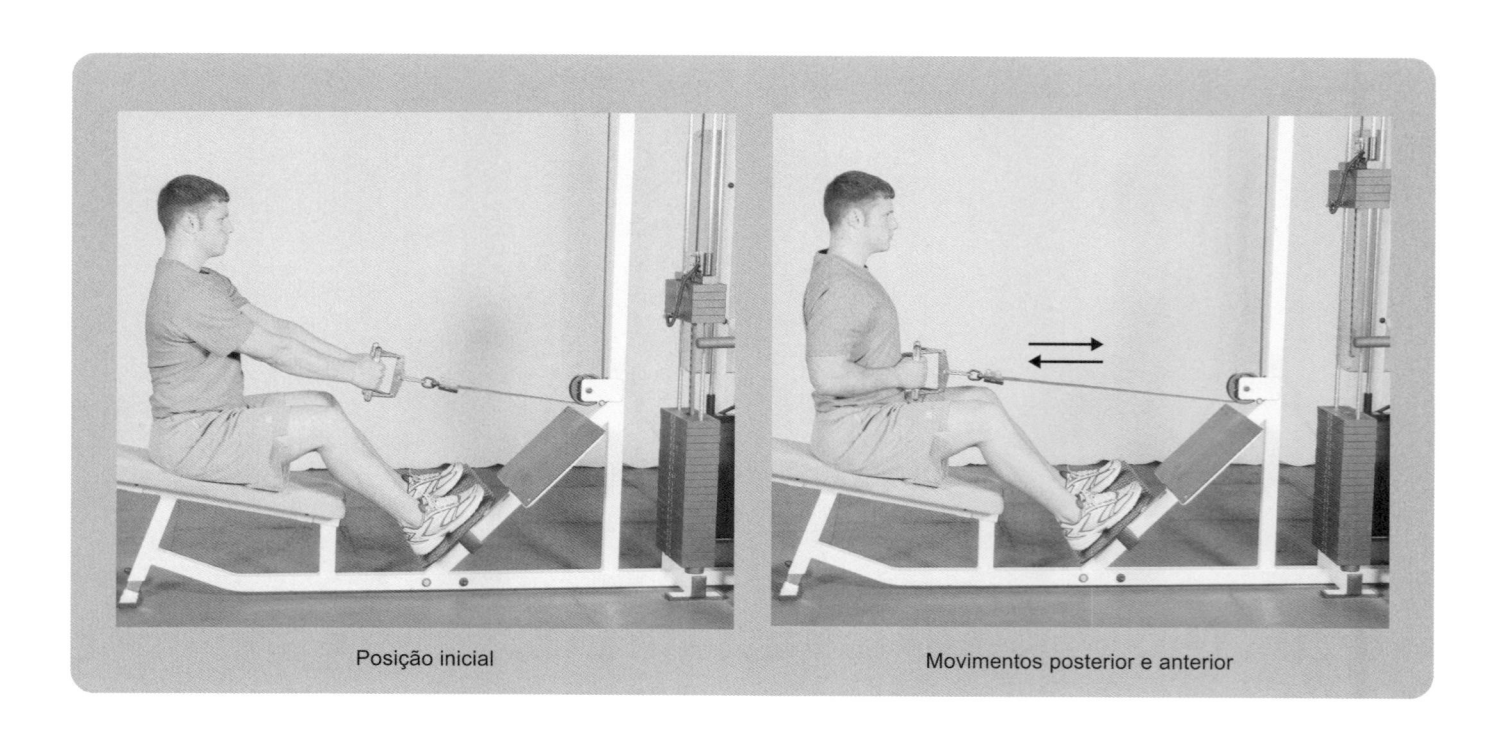

Posição inicial

Movimentos posterior e anterior

Movimento anterior

☐ Guie os pega-mãos lenta e controladamente de volta até a posição inicial; não permita que eles puxem os braços em um solavanco.
☐ Mantenha o tronco imóvel e os joelhos flexionados.
☐ Os cotovelos devem ficar totalmente estendidos ao final da fase do movimento anterior.
☐ Ao término da série, flexione lentamente um pouco mais os joelhos e os quadris e retorne os pega-mãos à posição estacionária.

Remada sentado (em equipamento)

Posição inicial

☐ Antes de executar este exercício, verifique a altura do assento e a posição do estofado para o peito e ajuste-os a fim de permitir as seguintes condições:
- As coxas devem ficar aproximadamente paralelas ao solo (com os pés planos no solo ou nos apoios para os pés).
- O tronco deve ficar perpendicular ao solo ao sentar ereto com o tronco contra o estofado para o peito.
- Os braços ficam aproximadamente paralelos ao solo, quando suspensos nos pega-mãos.

☐ Sente-se ereto, com os pés planos no solo ou nos apoios para os pés, e pressione o tronco contra o estofado para o peito.
☐ Use um pé para abaixar o pedal e puxar os pega-mãos para trás.
☐ Agarre os pega-mãos com uma empunhadura pronada e fechada (ou neutra, se preferir) e, então, reposicione o corpo para alcançar a posição sentado com o tronco ereto.
☐ Solte lentamente o pedal e posicione o pé no solo ou no apoio próprio.
☐ Os cotovelos devem ficar totalmente estendidos; e os braços aproximadamente paralelos ao solo, com a carga selecionada suspensa acima da pilha restante de pesos. Todas as repetições partem dessa posição.

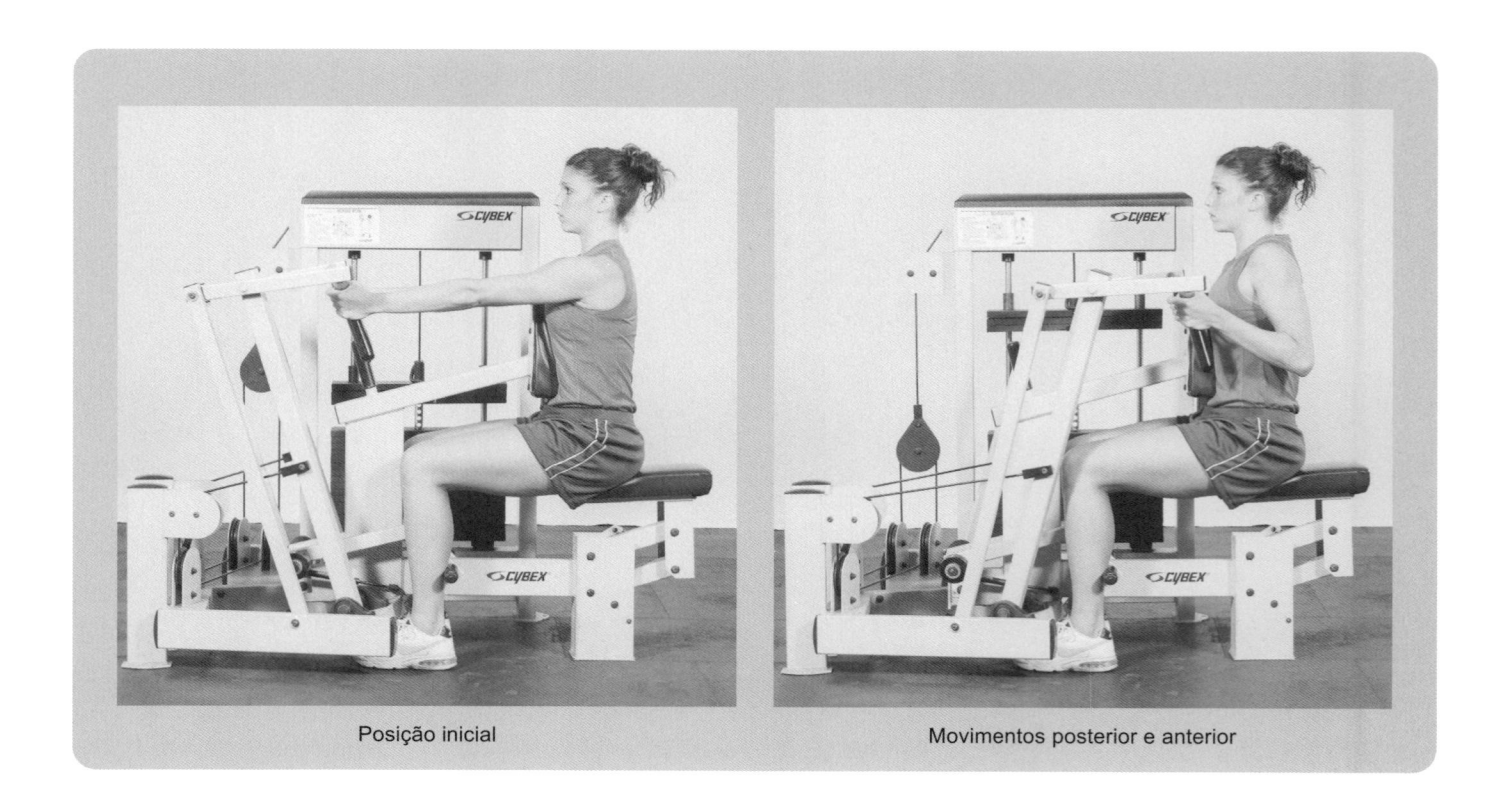

Posição inicial

Movimentos posterior e anterior

Movimento posterior

☐ Comece o exercício puxando os pega-mãos em direção ao tronco, ao peito, à região superior do abdome ou à região inferior do abdome, dependendo do tipo de equipamento. Os cotovelos devem ficar relativamente próximos ou juntos às laterais do tronco, *não* apontados direta e lateralmente para fora (ainda que isso dependa do tipo de pega-mãos utilizado).
☐ Mantenha a mesma posição corporal estacionária; não se incline rapidamente mais para trás na tentativa de ajudar a puxar os pega-mãos.
☐ Continue puxando os pega-mãos até que os antebraços ou os punhos pressionem contra o tronco ou até que os pega-mãos toquem o tronco.

Movimento anterior

☐ Permita que os pega-mãos movam-se lenta e controladamente até a posição inicial; não permita que eles puxem os braços em um solavanco.
☐ Mantenha o tronco imóvel.
☐ Os cotovelos devem ficar totalmente estendidos ao final da fase do movimento anterior.
☐ Ao término da série, inverta o procedimento do pedal para guiar os pega-mãos de volta à posição estacionária.

Exercícios (monoarticulares) para as costas

REGIÃO SUPERIOR DO CORPO

DVD 2

Nome	Descrição da ação concêntrica	MÚSCULOS PREDOMINANTES ENVOLVIDOS	
		Grupo muscular ou região corporal	Músculos
🖐 *Pullover* com barra	Extensão dos ombros	Costas	Latíssimo do dorso Redondo maior
	Abdução das escápulas	Escápulas	Serrátil anterior
		Peitoral	Peitoral menor

🖐 Denota um exercício que requer um auxiliar.

Pullover com barra

Posição inicial: levantador

☐ Sente-se em uma extremidade de um banco reto e então se recoste de forma que a cabeça repouse na outra extremidade do banco.
☐ Reposicione a cabeça, os ombros, as nádegas e os pés a fim de alcançar uma posição de contato corporal de cinco pontos:
   1. A cabeça posicionada firmemente no banco.
   2. Os ombros e a região dorsal posicionados firme e equilibradamente no banco.
   3. As nádegas em equilíbrio no banco.
   4. O pé direito plano no solo.
   5. O pé esquerdo plano no solo.
☐ Sinalize ao auxiliar para pegar a barra do solo.
☐ Agarre a barra com uma empunhadura fechada e pronada.
☐ Mova a barra até uma posição com os cotovelos estendidos acima do peito e os antebraços paralelos um ao outro.
☐ Rote externa e levemente os braços, de forma que os cotovelos apontem para longe do rosto (em direção aos joelhos), flexione moderadamente os cotovelos e mantenha essa posição flexionada durante todo o exercício. Essas duas alterações nas posições dos braços e dos cotovelos farão com que os braços *não* fiquem perpendiculares ao solo, e sim moderadamente angulares, distantes do rosto (em direção aos joelhos). Todas as repetições partem dessa posição.

Posição inicial: auxiliar

☐ Fique em pé na posição ereta atrás da cabeça do levantador.
☐ Afaste os pés na largura dos ombros, com os joelhos ligeiramente flexionados.
☐ Entregue a barra ao levantador.
☐ Guie a barra até uma posição acima do peito do levantador.
☐ Solte a barra suavemente.

Movimento descendente: levantador

☐ Comece o exercício abaixando a barra lenta e controladamente, descrevendo um arco acima do rosto até atrás da cabeça. Um pequeno movimento pode ocorrer nas articulações dos cotovelos; a maior parte, porém, deve ocorrer nos ombros.
☐ Mantenha os punhos rígidos e os braços paralelos um ao outro.
☐ Continue abaixando a barra atrás da cabeça até que os ombros fiquem totalmente flexionados.
☐ Não arqueie a região lombar durante a descida da barra.
☐ Mantenha a cabeça, o tronco, os quadris e os pés em uma posição de contato corporal de cinco pontos.

Movimento descendente: auxiliar

☐ Mantenha as mãos na posição de empunhadura supinada próximas à barra – mas sem tocá-la – durante a sua descida.
☐ Flexione levemente os joelhos, os quadris e o tronco e mantenha as costas retas enquanto acompanha a barra.

Movimento ascendente: levantador

☐ Empurre a barra para cima, descrevendo um arco e estendendo os ombros, não os cotovelos (eles devem permanecer moderadamente flexionados).
☐ Mantenha a mesma posição estacionária de contato corporal de cinco pontos; não eleve a cabeça.
☐ Mantenha os punhos rígidos e os braços paralelos um ao outro.
☐ Continue empurrando a barra até que ela fique acima da cabeça, na posição inicial.
☐ Ao término da série, sinalize ao auxiliar para que pegue a barra, mas mantenha uma empunhadura firme até que ele adquira o total controle da barra.

Movimento ascendente: auxiliar

☐ Mantenha as mãos na posição de empunhadura supinada, próximas à barra – mas sem tocá-la – durante a sua subida.
☐ Estenda levemente os joelhos, os quadris e o tronco e mantenha as costas retas enquanto acompanha a barra.
☐ Ao sinal do levantador, após o término da série, fique em pé e agarre a barra com uma empunhadura fechada e alternada, pegue-a do levantador e coloque-a no solo.

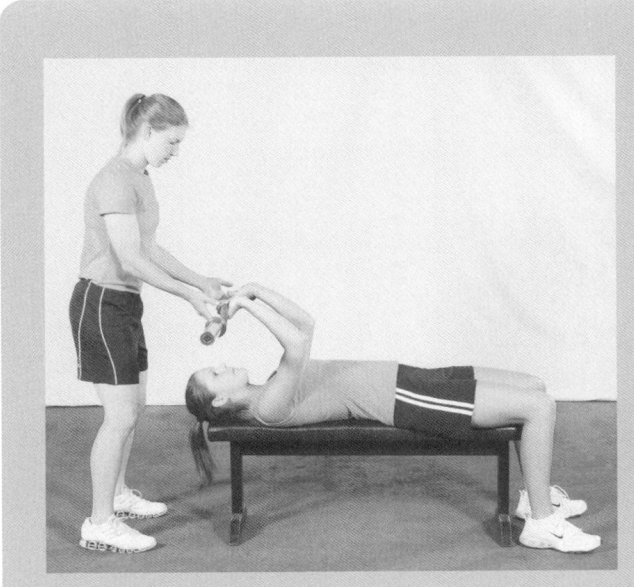

Posições iniciais

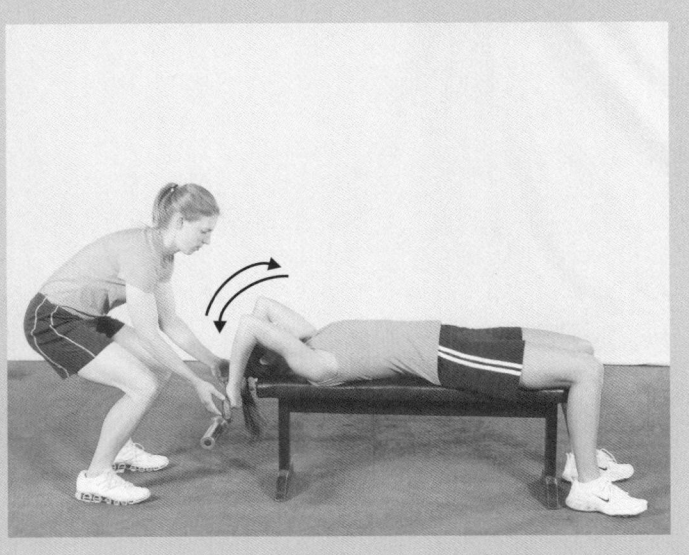

Movimentos descendente e ascendente

Exercícios (poliarticulares) para os ombros

REGIÃO SUPERIOR DO CORPO

DVD 2

Nome	Descrição da ação concêntrica	MÚSCULOS PREDOMINANTES ENVOLVIDOS	
		Grupo muscular ou região corporal	Músculos
Desenvolvimento (em equipamento)	Abdução dos ombros	Ombros	Deltoide (partes clavicular e acromial)
	Abdução das escápulas	Região superior dos ombros e dorsal	Trapézio
		Escápulas	Serrátil anterior
	Extensão dos cotovelos	Braços (parte posterior)	Tríceps braquial
👋 Desenvolvimento sentado com barra	Os mesmos do desenvolvimento (em equipamento)		
👋 Desenvolvimento sentado com halteres	Os mesmos do desenvolvimento (em equipamento)		
Remada vertical	Abdução dos ombros	Ombros	Deltoide (partes clavicular, acromial e espinal)
	Abdução das escápulas	Região superior dos ombros e dorsal	Trapézio
		Escápulas	Serrátil anterior
	Flexão dos cotovelos	Braços (parte anterior)	Braquial Bíceps braquial Braquiorradial

👋 Denota um exercício que requer um auxiliar.

Desenvolvimento (em equipamento)

Posição inicial

☐ Antes de executar este exercício, verifique a altura do assento e ajuste-a a fim de permitir as seguintes condições:
- As coxas devem ficar aproximadamente paralelas ao solo (com os pés planos).
- O corpo deve ficar alinhado com os pega-mãos. Uma linha imaginária ligando os dois pega-mãos deve cruzar *não mais baixa do que o topo* dos ombros ou a base do pescoço.
- O corpo deve ficar baixo o suficiente para que a cabeça fique em contato com o topo do encosto.

☐ Sente-se no assento e recoste-se para estabelecer uma posição de contato corporal de cinco pontos:
1. A cabeça posicionada firmemente contra o encosto vertical estofado.
2. Os ombros e a região dorsal posicionados firme e equilibradamente contra o encosto.
3. As nádegas em equilíbrio no assento.
4. O pé direito plano no solo.
5. O pé esquerdo plano no solo.

Posição inicial

Movimentos ascendente e descendente

☐ Agarre os pega-mãos com uma empunhadura fechada e pronada (ou neutra, se preferir). Todas as repetições partem dessa posição.

Movimento ascendente

☐ Comece o exercício empurrando os pega-mãos para cima.
☐ Mantenha a mesma posição estacionária de contato corporal de cinco pontos; não arqueie a região lombar, tampouco eleve os quadris ou empurre para cima com as pernas (tentando ficar em pé), nem incline a cabeça para trás.
☐ Mantenha os punhos rígidos e os antebraços aproximadamente paralelos um ao outro, e continue empurrando os pega-mãos até que os cotovelos fiquem totalmente estendidos, mas não forçosamente travados.

Movimento descendente

☐ Permita que os pega-mãos retornem lenta e controladamente à posição inicial; não flexione o tronco durante a descida dos pega-mãos.
☐ Mantenha a mesma posição estacionária de contato corporal de cinco pontos; não permita que os pega-mãos movam-se rapidamente para baixo a fim de produzir um solavanco e ajudar na repetição seguinte.
☐ Ao término da série, retorne os pega-mãos à posição estacionária.

Desenvolvimento sentado com barra

Posição inicial: levantador

☐ Antes de executar este exercício, verifique a altura do banco do equipamento a ser utilizado para o desenvolvimento. Se for ajustável, mova-o a fim de permitir as seguintes condições:
- As coxas devem ficar aproximadamente paralelas ao solo (com os pés planos). A cabeça deve ficar mais baixa do que a barra nos *racks* e repousar no topo do encosto (se o banco tiver um encosto vertical longo; em alguns bancos, o encosto estofado tem a altura de uma cadeira comum).
- A barra pode ser levantada e recolocada nos pinos ou nas bordas de sustentação sem atingir o topo da cabeça (o assento está alto demais) ou requerer o uso das pernas para ajudar a alcançar os *racks* (o assento está baixo demais).

☐ Sente-se no assento, na posição de contato corporal de cinco pontos:
1. A cabeça posicionada firmemente contra o encosto vertical estofado (se ele for longo o bastante).
2. Os ombros e a região dorsal posicionados firme e equilibradamente contra o encosto.
3. As nádegas em equilíbrio no assento.
4. O pé direito plano no solo.
5. O pé esquerdo plano no solo.

☐ Agarre a barra de forma equilibrada, com uma empunhadura fechada e pronada, ligeiramente mais ampla do que a largura dos ombros.

☐ Sinalize ao auxiliar pedindo assistência para levantar a barra dos *racks* até uma posição acima da cabeça, com os cotovelos totalmente estendidos. Essa é a "decolagem". Todas as repetições partem dessa posição.

Posição inicial: auxiliar

☐ Fique em pé, na posição ereta, atrás das costas do levantador.
☐ Afaste os pés na largura dos ombros, com os joelhos ligeiramente flexionados.
☐ Agarre a barra com uma empunhadura fechada e alternada entre as mãos do levantador.
☐ Ao sinal do levantador, ajude a retirar a barra dos *racks*.
☐ Guie a barra até uma posição acima da cabeça do levantador.
☐ Solte a barra suavemente.

Movimento descendente: levantador

☐ Comece o exercício abaixando a barra lenta e controladamente.
☐ Mantenha os punhos rígidos e os antebraços perpendiculares ao solo e paralelos um ao outro. A largura da empunhadura determinará quão paralelos os antebraços estarão um ao outro.
☐ Desça a barra diretamente à frente do rosto; não deixe que a barra atinja a testa ou o nariz durante a descida.

- ☐ Continue abaixando a barra até que ela toque levemente as clavículas. Não balance a barra nos ombros nem arqueie a região lombar.
- ☐ Mantenha a cabeça, o tronco, os quadris e os pés em uma posição de contato corporal de cinco pontos.

Movimento descendente: auxiliar

- ☐ Mantenha as mãos na empunhadura alternada, próximas à barra – mas sem tocá-la – durante a descida.
- ☐ Flexione levemente os joelhos, os quadris e o tronco e mantenha as costas retas durante o acompanhamento da barra.

Movimento ascendente: levantador

- ☐ Empurre a barra de forma reta para cima até que ela passe pela testa; nesse momento, empurre-a para cima *e*, muito levemente, para trás, a fim de mantê-la sob controle.
- ☐ Não arqueie a região lombar nem eleve os quadris ou empurre para cima com as pernas (tentando ficar em pé); o corpo e os pés não devem sair das suas posições iniciais.
- ☐ Mantenha os punhos rígidos e os antebraços perpendiculares ao solo e paralelos um ao outro.
- ☐ Continue empurrando a barra para cima até que os cotovelos fiquem totalmente estendidos (mas não forçosamente travados) com a barra acima da cabeça.
- ☐ Ao término da série, sinalize ao auxiliar para ajudá-lo a recolocar a barra nos *racks*, mas mantenha uma empunhadura na barra até que ambas as extremidades estejam seguras e imóveis nos pinos ou nas bordas de sustentação.

Posições iniciais

Movimentos descendente e ascendente

Movimento ascendente: auxiliar

☐ Mantenha as mãos na posição de empunhadura alternada, próximas à barra – mas sem tocá-la – durante a subida.
☐ Estenda levemente os joelhos, os quadris e o tronco e mantenha as costas retas durante o acompanhamento da barra.
☐ Ao sinal do levantador, após o término da série, agarre a barra com uma empunhadura alternada entre as mãos do levantador.
☐ Guie a barra de volta aos *racks*.
☐ Mantenha uma empunhadura na barra até que ela esteja segura e imóvel nos pinos ou nas bordas de sustentação.

EXERCÍCIOS (POLIARTICULARES) PARA OS OMBROS ■ **131**

Desenvolvimento sentado com halteres

Posição inicial: levantador

☐ Antes de pegar os halteres, verifique o assento do banco inclinado. Se for ajustável, mova-o a fim de permitir as seguintes condições:
  - As coxas devem ficar aproximadamente paralelas ao solo (com os pés planos).
  - O corpo deve ficar baixo o suficiente para que a cabeça fique no topo do encosto (se o banco tiver um encosto vertical longo; em alguns bancos, o encosto estofado tem a altura de uma cadeira comum).
  - Os halteres não devem atingir a estrutura superior dos *racks* (se houver) durante o exercício.

☐ Agarre dois halteres de mesmo peso com uma empunhadura fechada. Posicione a superfície externa, a da metade do dedo mínimo, dos halteres contra a parte anterior das coxas (as hastes dos halteres ficarão paralelas uma à outra).

☐ Sente-se no assento com os halteres repousando sobre as coxas. Rote os halteres para a parte externa dos ombros de forma que as hastes fiquem niveladas com o topo dos ombros ou a base do pescoço.

☐ Reposicione a cabeça, os ombros, as nádegas e os pés a fim de alcançar uma posição de contato corporal de cinco pontos:
  1. A cabeça posicionada firmemente contra o encosto vertical estofado (se ele for longo o bastante; as fotos mostram um encosto vertical baixo).
  2. Os ombros e a região dorsal posicionados firme e equilibradamente contra o encosto.
  3. As nádegas em equilíbrio no banco.
  4. O pé direito plano no solo.
  5. O pé esquerdo plano no solo.

☐ A posição mais comum dos halteres é a com as hastes alinhadas uma à outra e as palmas voltadas para fora. Outra opção é segurar os halteres em uma posição neutra (i.e., paralelos um ao outro, com as palmas voltadas uma para a outra).

☐ Todas as repetições partem dessa posição.

Posição inicial: auxiliar

☐ Fique em pé e ereto atrás das costas do levantador.
☐ Afaste os pés na largura dos ombros, com os joelhos ligeiramente flexionados.
☐ Agarre os punhos do levantador.
☐ Ao sinal do levantador, ajude-o a conduzir os halteres até uma posição para fora dos ombros.
☐ Solte suavemente os punhos do levantador.

Movimento ascendente: levantador

☐ Comece o exercício empurrando os halteres para cima, ambos na mesma velocidade e muito levemente em direção um ao outro, para mantê-los sob controle.

☐ Mantenha a mesma posição estacionária de contato corporal de cinco pontos; não arqueie a região lombar, tampouco eleve os quadris, empurre para cima com as pernas (tentando ficar em pé) ou incline a cabeça para trás.

☐ Mantenha os punhos rígidos, os antebraços perpendiculares ao solo e as hastes dos halteres alinhadas uma com a outra. Não permita que os halteres balancem durante a subida.
☐ As mãos, os cotovelos e os ombros devem ficar no mesmo plano vertical.
☐ Continue empurrando os halteres para cima até que os cotovelos fiquem totalmente estendidos. Mantenha os antebraços quase paralelos um ao outro; os halteres podem se mover em direção um ao outro acima da cabeça; tente evitar que batam um no outro.

Movimento ascendente: auxiliar

☐ Mantenha as mãos próximas aos antebraços do levantador – mas sem tocá-los – durante a subida dos halteres.
☐ Estenda levemente os joelhos, os quadris e o tronco e mantenha as costas retas enquanto acompanha os halteres.

Movimento descendente: levantador

☐ Abaixe os halteres lenta e controladamente até a posição inicial. Para manter uma posição corporal estável no banco, abaixe os dois halteres com a mesma velocidade.

Desenvolvimento sentado com halteres

Posições iniciais — Movimentos ascendente e descendente

- ☐ Mantenha os punhos rígidos, os antebraços perpendiculares ao solo e as hastes dos halteres alinhadas uma com a outra.
- ☐ Continue abaixando os halteres até que fiquem nivelados com o topo dos ombros ou com a base do pescoço; não balance os halteres sobre os ombros nem eleve os ombros para aproximar os halteres.
- ☐ Mantenha a cabeça, o tronco, os quadris e os pés em uma posição de contato corporal de cinco pontos.
- ☐ Ao término da série, abaixe lentamente os halteres até as coxas; depois, um de cada vez, retorne-os ao solo de forma controlada.

Movimento descendente: auxiliar

- ☐ Mantenha as mãos próximas aos antebraços do levantador – mas sem tocá-los – durante a descida dos halteres.
- ☐ Flexione levemente os joelhos, os quadris e o tronco e mantenha as costas retas enquanto acompanha os halteres.

Remada vertical

Posição inicial

☐ Agarre a barra de forma equilibrada, com uma empunhadura fechada e pronada mais estreita do que a largura dos ombros, porém, não mais fechada do que uma posição em que os polegares, quando estendidos ao longo da barra, possam se tocar.
☐ Observe as orientações sobre a posição corporal preparatória e o levantamento (ver Introdução), a fim de levantar a barra do solo até a parte anterior das coxas.
☐ Afaste os pés na largura dos ombros ou dos quadris, com os joelhos flexionados (um pouco mais do que aparece nas fotos), o tronco ereto, os ombros para trás e o olhar para a frente.
☐ Permita que a barra fique suspensa com a extensão total dos cotovelos. Todas as repetições partem dessa posição.

Movimento ascendente

☐ Comece o exercício levantando a barra verticalmente ao longo do abdome e do peito, abduzindo os ombros e flexionando os cotovelos.
☐ Mantenha os cotovelos apontados lateralmente para fora à medida que a barra roça levemente o corpo. Não gire a barra para dentro durante a subida.

Posição inicial

Movimentos ascendente e descendente

- ☐ Mantenha a mesma posição corporal estacionária; não eleve os ombros nem balance o corpo (i.e., não hiperestenda a coluna vertebral), tampouco hiperestenda o pescoço, estenda os joelhos ou eleve-se nas pontas dos pés na tentativa de ajudar a levantar a barra.
- ☐ Continue puxando a barra até ela alcançar a região entre a parte inferior do esterno e o queixo (dependendo do comprimento dos braços e da flexibilidade dos ombros do indivíduo). Na posição mais alta da barra, os cotovelos devem ficar nivelados com os ombros e os punhos ou ligeiramente mais altos.

Movimento descendente

- ☐ Abaixe a barra lenta e controladamente até a posição inicial. Não flexione o tronco ou balance a barra sobre as coxas, na posição inferior, nem transfira o peso do corpo para as pontas dos pés.
- ☐ Mantenha a mesma posição corporal estacionária com os pés planos no solo.
- ☐ Os cotovelos devem ficar totalmente estendidos ao final da fase do movimento descendente.
- ☐ Ao término da série, flexione lentamente os quadris e os joelhos, na mesma velocidade (a fim de manter o tronco ereto), para agachar e retornar a barra ao solo de forma controlada.

Exercícios (monoarticulares) para os ombros

REGIÃO SUPERIOR DO CORPO

DVD 2

Nome	Descrição da ação concêntrica	MÚSCULOS PREDOMINANTES ENVOLVIDOS	
		Grupo muscular ou região corporal	Músculos
Flexão do ombro	Flexão do ombro	Ombros	*Deltoide (parte clavicular)*
Elevação lateral com halteres	Abdução dos ombros	Ombros	*Deltoide (parte acromial)*
Elevação lateral (em equipamento)	Os mesmos da elevação lateral com halteres		
Crucifixo invertido com o tronco inclinado	Extensão horizontal dos ombros	Ombros	*Deltoide (parte espinal)*
Encolhimento de ombros com barra	Elevação da cintura escapular	Cintura escapular	Trapézio (parte descendente)

A porção do grupo muscular deltoide mais enfatizada nesses exercícios está em *itálico*.

Flexão do ombro

Posição inicial

- ☐ Agarre dois halteres de mesmo peso com uma empunhadura fechada.
- ☐ Observe as orientações sobre a posição corporal preparatória e o levantamento (ver Introdução), a fim de levantar os halteres do solo até uma posição próxima às coxas.
- ☐ Afaste os pés na largura dos ombros ou dos quadris, com os joelhos levemente flexionados, o tronco ereto, os ombros para trás e o olhar para a frente.
- ☐ Traga os halteres até a parte anterior das coxas e posicione-os com as palmas voltadas para elas (resultando em uma empunhadura pronada).
- ☐ Flexione levemente os cotovelos e mantenha essa posição flexionada durante todo o exercício. Todas as repetições partem dessa posição.

Movimento ascendente

- ☐ Comece o exercício levantando um haltere diretamente em frente ao corpo. Nenhum movimento deve ocorrer na articulação do cotovelo, somente no ombro. Além disso, o braço que não está

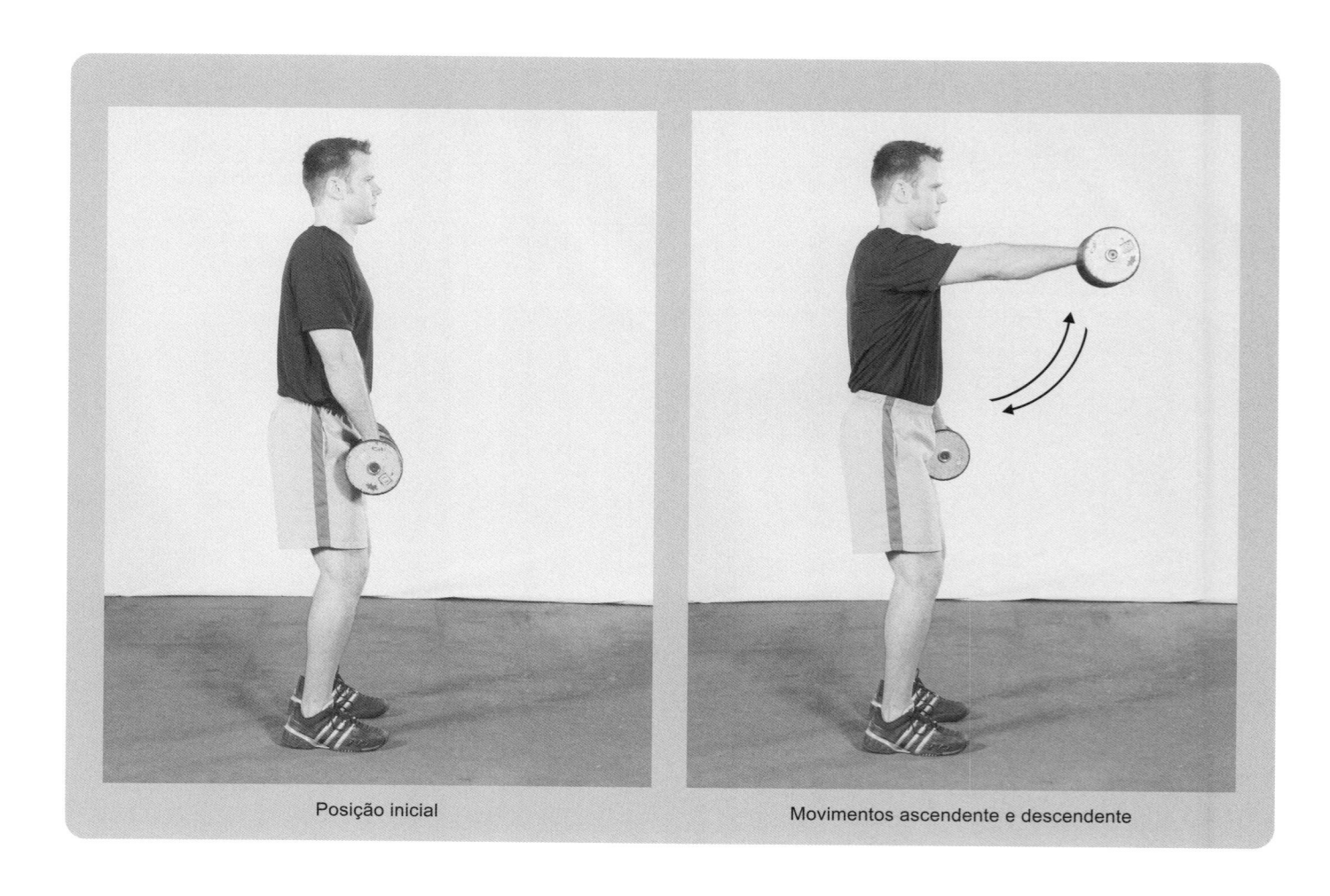

Posição inicial

Movimentos ascendente e descendente

sendo trabalhado deve permanecer imóvel na parte dianteira da coxa (somente um braço é trabalhado por vez).
- ☐ Mantenha o punho rígido e o cotovelo travado em uma posição levemente flexionada; mantenha uma empunhadura pronada no haltere.
- ☐ O braço, o cotovelo, o antebraço e o haltere devem permanecer quase no mesmo plano vertical durante a fase do movimento ascendente. Nem a mão (haltere) nem o braço (cotovelo) devem tomar a dianteira ou ficar um mais elevado do que o outro.
- ☐ Mantenha a mesma posição corporal estacionária; não eleve os ombros nem balance o corpo (i.e., não hiperestenda a coluna vertebral), tampouco estenda os joelhos ou eleve-se nas pontas dos pés na tentativa de ajudar a levantar o haltere.
- ☐ Continue levantando o haltere até que o braço fique paralelo ao solo ou aproximadamente nivelado com o ombro.

Movimento descendente

- ☐ Abaixe o haltere lenta e controladamente até a posição inicial. Não flexione o tronco nem estenda os joelhos ou transfira o peso do corpo para as pontas dos pés.
- ☐ Mantenha o punho rígido e o cotovelo travado em uma posição levemente flexionada.
- ☐ Mantenha a mesma posição corporal estacionária. Não permita que o haltere puxe bruscamente o braço para baixo.
- ☐ Continue abaixando o haltere até que ele retorne para a parte dianteira da coxa. Não balance o haltere sobre a coxa para ajudar na repetição seguinte.
- ☐ O braço que está em repouso deve permanecer imóvel na parte dianteira da coxa.
- ☐ Repita os movimentos ascendente e descendente com o outro braço. O braço já trabalhado deve permanecer imóvel até que o haltere na outra mão retorne à posição inicial. Continue alternando os braços para completar a série.
- ☐ Ao término da série, flexione lentamente os quadris e os joelhos na mesma velocidade (a fim de manter o tronco ereto) para agachar e retornar os halteres ao solo de forma controlada.

Elevação lateral

Posição inicial

- ☐ Agarre dois halteres de mesmo peso com uma empunhadura fechada.
- ☐ Observe as orientações sobre a posição corporal preparatória e o levantamento (ver Introdução), a fim de levantar os halteres do solo até uma posição próxima às coxas.
- ☐ Afaste os pés na largura dos ombros ou dos quadris, com os joelhos levemente flexionados, o tronco ereto, os ombros para trás e o olhar para a frente.
- ☐ Traga os halteres até a parte anterior das coxas e posicione-os com as palmas voltadas para elas (resultando em uma empunhadura neutra).
- ☐ Flexione levemente os cotovelos e mantenha essa posição flexionada durante todo o exercício. Todas as repetições partem dessa posição.

Movimento ascendente

- ☐ Comece o exercício levantando os halteres lateralmente. Nenhum movimento deve ocorrer na articulação dos cotovelos, somente nos ombros.
- ☐ Mantenha os punhos rígidos e os cotovelos travados em uma posição levemente flexionada; mantenha uma empunhadura neutra nos halteres.

Posição inicial

Movimentos ascendente e descendente

☐ Os braços, os cotovelos, os antebraços e os halteres devem permanecer quase no mesmo plano vertical e ser elevados juntos.
☐ Mantenha a mesma posição corporal estacionária; não eleve os ombros nem balance o corpo (i.e., não hiperestenda a coluna vertebral), tampouco estenda os joelhos ou eleve-se nas pontas dos pés na tentativa de ajudar a levantar os halteres.
☐ Continue levantando os halteres até que os braços fiquem paralelos ao solo ou aproximadamente nivelados com os ombros.

Movimento descendente

☐ Abaixe os halteres lenta e controladamente até a posição inicial. Não flexione o tronco nem estenda os joelhos ou transfira o peso do corpo para as pontas dos pés.
☐ Mantenha os punhos rígidos e os cotovelos travados em uma posição levemente flexionada.
☐ Mantenha a mesma posição corporal estacionária. Não permita que os halteres puxem bruscamente os braços para baixo.
☐ Continue abaixando os halteres até que eles retornem para a parte dianteira da coxa. Não balance os halteres sobre as coxas para ajudar na repetição seguinte.
☐ Ao término da série, flexione lentamente os quadris e os joelhos na mesma velocidade (a fim de manter o tronco ereto) para agachar e retornar os halteres ao solo de forma controlada.

Elevação lateral (em equipamento)

Posição inicial

☐ Antes de executar este exercício, verifique a altura do assento e ajuste-a a fim de permitir as seguintes condições:
  - As coxas devem ficar aproximadamente paralelas ao solo (com os pés planos).
  - Os ombros devem ficar alinhados com o(s) eixo(s) de rotação do equipamento.
  - O corpo deve ficar baixo o suficiente para que a cabeça fique em contato com o topo do encosto (se o banco tiver um encosto vertical longo; em alguns bancos, o encosto estofado tem a altura de uma cadeira comum).

☐ Sente-se no assento e coloque o corpo em uma posição de contato corporal de cinco pontos:
  1. A cabeça posicionada firmemente contra o encosto vertical estofado (se ele for longo o bastante; as fotos mostram um encosto vertical baixo).
  2. Os ombros e a região dorsal posicionados firme e equilibradamente contra o encosto.
  3. As nádegas em equilíbrio no assento.
  4. O pé direito plano no solo.
  5. O pé esquerdo plano no solo.

☐ Flexione os cotovelos em 90° e posicione-os lateralmente ou levemente em frente ao corpo, com os antebraços pressionados contra as almofadas para os antebraços.

☐ Se houver pega-mãos, agarre-os com uma empunhadura fechada. Todas as repetições partem dessa posição.

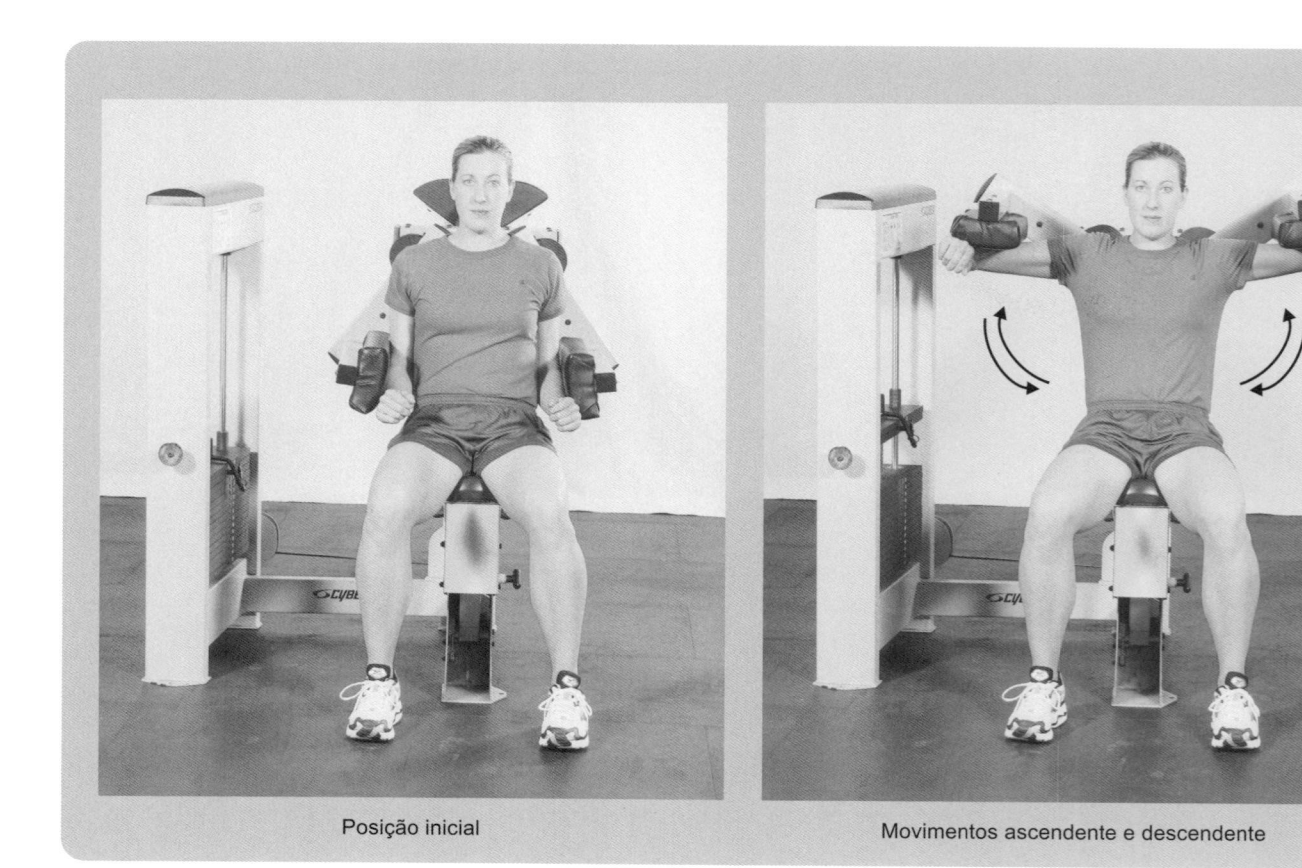

Posição inicial

Movimentos ascendente e descendente

Movimento ascendente

☐ Comece o exercício elevando os cotovelos e as almofadas para os antebraços para cima e para os lados. Nenhum movimento deve ocorrer na articulação dos cotovelos, somente nos ombros.
☐ Mantenha os punhos rígidos e os cotovelos travados em uma posição flexionada em 90°.
☐ Os braços, os cotovelos e os antebraços devem ser elevados juntos.
☐ Mantenha a mesma posição estacionária de contato corporal de cinco pontos; não eleve os ombros ou arqueie a região lombar, nem eleve os quadris ou empurre para cima com as pernas (tentando ficar em pé), tampouco incline a cabeça para trás.
☐ Continue elevando os cotovelos e as almofadas para os antebraços até que os braços fiquem paralelos ao solo ou aproximadamente nivelados com os ombros.

Movimento descendente

☐ Permita que os cotovelos e as almofadas para os antebraços retornem lenta e controladamente à posição inicial. Não flexione o tronco durante a descida dos pega-mãos.
☐ Mantenha os punhos rígidos e os cotovelos travados na posição flexionada em 90°.
☐ Mantenha a mesma posição estacionária de contato corporal de cinco pontos. Não permita que as almofadas para os antebraços desçam rapidamente para produzir um solavanco e ajudar na repetição seguinte.
☐ Ao término da série, retorne as almofadas para os antebraços até a posição estacionária.

Crucifixo invertido com o tronco inclinado

Posição inicial

☐ Agarre dois halteres de mesmo peso com uma empunhadura fechada.
☐ Observe as orientações sobre a posição corporal preparatória e o levantamento (ver Introdução), a fim de levantar os halteres do solo até uma posição próxima às coxas. O corpo deve ficar totalmente ereto antes da posição de inclinação do tronco deste exercício.
☐ Afaste os pés na largura dos ombros ou dos quadris, com os joelhos levemente flexionados.
☐ Flexione o tronco até levemente acima da linha paralela ao solo, mantendo a mesma posição dos joelhos flexionados.
☐ Puxe os ombros para trás, empurre o peito para fora e estenda levemente o pescoço para estabelecer uma posição com as costas retas ou levemente côncavas (não arredondadas). Não tente olhar para o teto; apenas foque o solo a uma curta distância à frente dos pés.
☐ Permita que os halteres fiquem suspensos a partir da extensão total dos cotovelos. Ajuste a amplitude da flexão dos joelhos e do tronco de forma que os halteres não toquem o solo.
☐ Reposicione os halteres em uma posição das mãos neutras, com as hastes paralelas uma à outra e os cotovelos apontados lateralmente para fora.
☐ Flexione levemente os cotovelos e mantenha essa posição flexionada durante todo o exercício. Todas as repetições partem dessa posição.

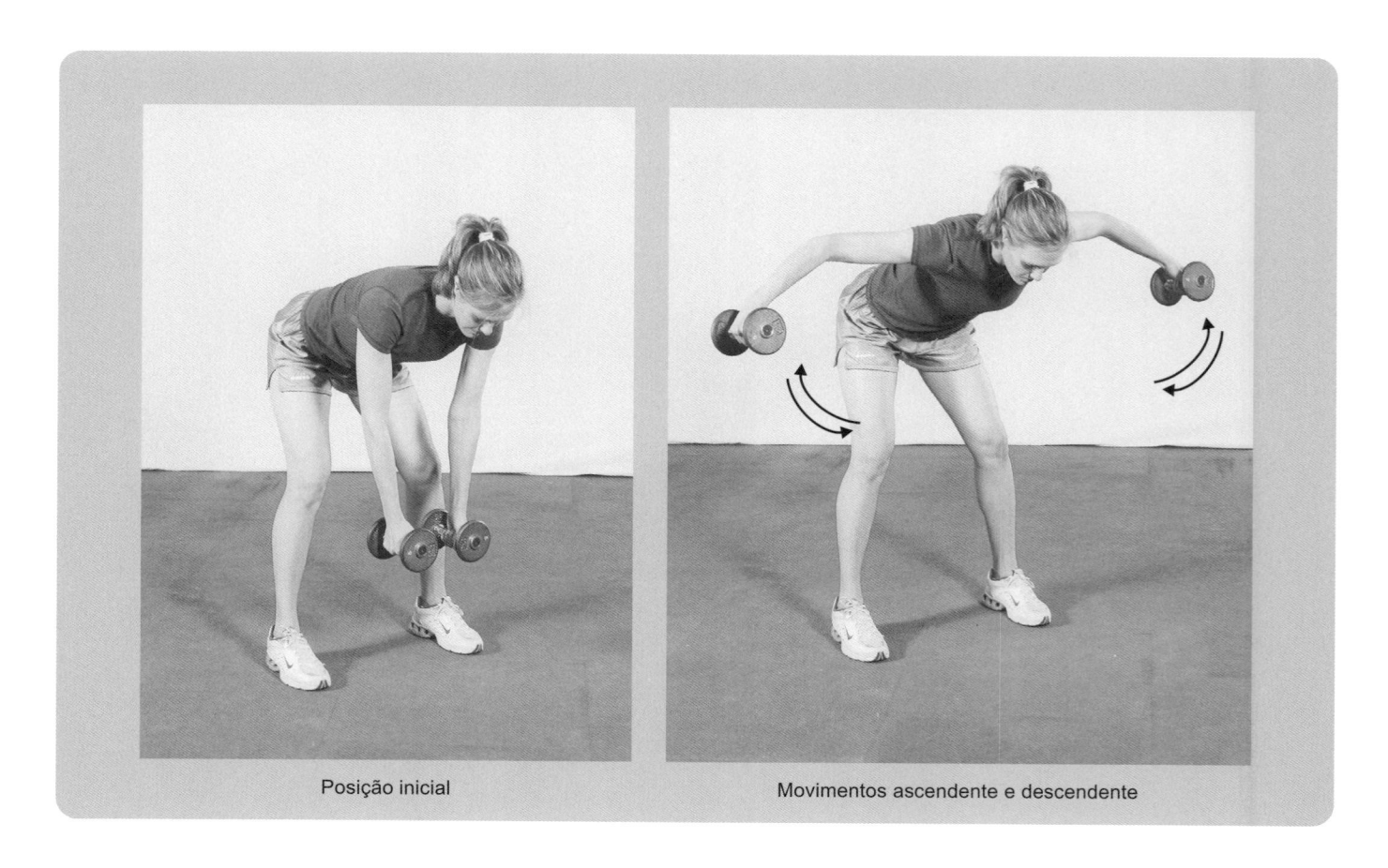

Posição inicial | Movimentos ascendente e descendente

Movimento ascendente

☐ Comece o exercício levantando os halteres lateralmente para fora. Nenhum movimento deve ocorrer na articulação dos cotovelos, somente nos ombros.
☐ Mantenha os punhos rígidos e os cotovelos travados em uma posição levemente flexionada; mantenha uma empunhadura neutra nos halteres.
☐ Os braços, os cotovelos, os antebraços e os halteres devem permanecer quase no mesmo plano vertical (perpendiculares ao corpo) durante a fase do movimento ascendente. Os cotovelos devem ser elevados juntos e à frente dos halteres ou levemente mais altos.
☐ Mantenha as costas retas, o tronco imóvel e os joelhos flexionados; não balance o corpo (i.e., não estenda a coluna vertebral), tampouco estenda os joelhos ou eleve-se nas pontas dos pés na tentativa de ajudar a levantar os halteres.
☐ Continue levantando os halteres até que os braços fiquem aproximadamente paralelos ao solo ou aproximadamente nivelados com os ombros. Na posição mais alta, os cotovelos ficarão ligeiramente mais altos do que os halteres.

Movimento descendente

☐ Abaixe os halteres lenta e controladamente até a posição inicial. Não flexione o tronco nem estenda os joelhos ou transfira o peso do corpo para as pontas dos pés.
☐ Mantenha os punhos rígidos e os cotovelos travados em uma posição levemente flexionada.
☐ Mantenha as costas retas, o tronco imóvel, os joelhos flexionados e os pés paralelos ao solo.
☐ Continue abaixando os halteres até que retornem à posição inicial de suspensão. Mantenha as hastes paralelas uma à outra durante a fase do movimento descendente.
☐ Ao término da série, flexione lentamente os quadris e os joelhos, na mesma velocidade, para agachar e retornar os halteres ao solo de forma controlada.

Encolhimento dos ombros com barra

Posição inicial

- [ ] Agarre a barra de forma equilibrada, com uma empunhadura fechada e pronada (ou alternada, se preferir), na largura dos ombros ou dos quadris.
- [ ] Observe as orientações sobre a posição corporal preparatória e o levantamento (ver Introdução), a fim de levantar a barra do solo até a parte anterior das coxas.
- [ ] Afaste os pés na largura dos ombros ou dos quadris, com os joelhos flexionados, o tronco ereto, os ombros para trás e o olhar para a frente.
- [ ] Permita que a barra fique suspensa com a extensão total dos cotovelos. Todas as repetições partem dessa posição.

Movimento ascendente

- [ ] Comece o exercício levantando a barra verticalmente ao longo das coxas, elevando (encolhendo) a cintura escapular (os ombros).
- [ ] Mantenha os punhos rígidos e os cotovelos totalmente estendidos.
- [ ] Mantenha a mesma posição corporal estacionária; não balance o corpo (i.e., não hiperestenda a coluna vertebral), hiperestenda o pescoço, estenda os joelhos ou eleve-se nas pontas dos pés na tentativa de ajudar a levantar a barra.
- [ ] Continue levantando a barra até que os ombros fiquem totalmente elevados.

Posição inicial

Movimentos ascendente e descendente

Movimento descendente

- ☐ Abaixe a barra lenta e controladamente até a posição inicial. Não flexione o tronco ou balance a barra sobre as coxas na posição inferior, nem flexione os cotovelos ou transfira o peso do corpo para as pontas dos pés.
- ☐ Mantenha a mesma posição corporal estacionária com os pés planos no solo.
- ☐ Os cotovelos devem ficar totalmente estendidos ao final da fase do movimento descendente.
- ☐ Ao término da série, flexione lentamente os quadris e os joelhos, na mesma velocidade (a fim de manter o tronco ereto), para agachar e retornar a barra ao solo de forma controlada.

Exercícios (monoarticulares) para a região anterior do braço

REGIÃO SUPERIOR DO CORPO

DVD 2

Nome	Descrição da ação concêntrica	MÚSCULOS PREDOMINANTES ENVOLVIDOS	
		Grupo muscular ou região corporal	Músculos
Rosca bíceps com barra	Flexão dos cotovelos	Braços (parte anterior)	Braquial *Bíceps braquial* Braquiorradial
Rosca bíceps com halteres	Flexão dos cotovelos Supinação dos antebraços	Braços (parte anterior)	*Braquial* *Bíceps braquial* Braquiorradial
Rosca bíceps com halteres (neutra)	Os mesmos da rosca bíceps com barra		*Braquial* Bíceps braquial Braquiorradial
Rosca bíceps na roldana baixa (em equipamento)	Os mesmos da rosca bíceps com barra		Braquial *Bíceps braquial* Braquiorradial
Rosca bíceps (em equipamento)	Os mesmos da rosca bíceps com barra		Braquial *Bíceps braquial* Braquiorradial

Os flexores do cotovelo enfatizados nesses exercícios estão em *itálico*.

Rosca bíceps com barra

Este exercício normalmente utiliza (mas não exige) uma barra W, uma barra curta que é curvada para estabelecer duas posições diferentes das mãos: uma empunhadura interna e uma externa. Segurar a barra para formar um M com as curvaturas permite que as mãos agarrem-na com uma empunhadura interna estreita. Inverter a barra para criar um W resulta em uma empunhadura externa mais ampla. Ambas as empunhaduras podem ser utilizadas. Ao executar este exercício tanto com uma barra W como com uma barra reta (mostrada nas fotos), os braços devem permanecer paralelos.

Posição inicial

- Agarre a barra de forma equilibrada, com uma empunhadura fechada e supinada.
- Observe as orientações sobre a posição corporal preparatória e o levantamento (ver Introdução), a fim de levantar a barra do solo até a parte anterior das coxas.
- Uma largura de empunhadura comum envolve posicionar as mãos na barra de forma que os braços toquem as laterais do tronco ou dos quadris, e os dedos mínimos se aproximem das laterais das coxas (e fiquem em contato com elas).

Posição inicial

Movimentos ascendente e descendente

- ☐ Afaste os pés na largura dos ombros ou dos quadris, com os joelhos levemente flexionados, o tronco ereto, os ombros para trás e o olhar para a frente.
- ☐ Permita que a barra fique suspensa com a extensão total dos cotovelos. Todas as repetições partem dessa posição.

Movimento ascendente

- ☐ Comece o exercício levantando a barra e descrevendo um arco a partir da flexão dos cotovelos.
- ☐ Mantenha os punhos rígidos e os braços imóveis contra as laterais do tronco durante a subida da barra; não permita que os braços se movam para a frente ou para fora. Nenhum movimento deve ocorrer nos ombros; somente na articulação dos cotovelos.
- ☐ Mantenha a mesma posição corporal estacionária; não balance o corpo (i.e., não hiperestenda a coluna vertebral), tampouco eleve os ombros, hiperestenda o pescoço, estenda os joelhos ou eleve-se nas pontas dos pés na tentativa de ajudar a levantar a barra.
- ☐ Continue flexionando os cotovelos até que a barra se aproxime da parte clavicular do deltoide. Se os cotovelos se projetarem para a frente, na posição mais alta da barra, é porque flexionaram demais.

Movimento descendente

- ☐ Abaixe a barra lenta e controladamente até a posição inicial, estendendo os cotovelos. Na posição inferior, não balance a barra sobre as coxas nem flexione o tronco, estenda os joelhos ou transfira o peso do corpo para as pontas dos pés.
- ☐ Mantenha os punhos rígidos e os braços imóveis contra as laterais do tronco.
- ☐ Mantenha a mesma posição corporal estacionária com os pés planos no solo.
- ☐ Continue abaixando a barra até que os cotovelos fiquem totalmente estendidos, mas não forçosamente travados.
- ☐ Ao término da série, flexione lentamente os quadris e os joelhos na mesma velocidade (a fim de manter o tronco ereto) para agachar e retornar a barra ao solo de forma controlada.

Rosca bíceps com halteres

Posição inicial

☐ Agarre dois halteres de mesmo peso com uma empunhadura fechada e neutra.
☐ Observe as orientações sobre a posição corporal preparatória e o levantamento (ver Introdução), a fim de levantar os halteres do solo até uma posição próxima às coxas.
☐ Uma posição comum dos braços é suspendê-los nas laterais do tronco ou dos quadris, com as palmas voltadas para a parte externa das coxas.
☐ Afaste os pés na largura dos ombros ou dos quadris, com os joelhos levemente flexionados, o tronco ereto, os ombros para trás e o olhar para a frente.
☐ Permita que os halteres fiquem suspensos com a extensão total dos cotovelos. Todas as repetições partem dessa posição.

Movimento ascendente

☐ Comece o exercício levantando um haltere e descrevendo um arco a partir da flexão do cotovelo. O braço que não está sendo trabalhado deve permanecer imóvel na lateral da coxa (somente um braço é trabalhado por vez).

Posição inicial

Movimentos ascendente e descendente

- ☐ Mantenha o punho rígido e o braço imóvel contra a lateral do tronco durante a subida do haltere; não o deixe mover-se para frente ou para fora. Nenhum movimento deve ocorrer no ombro, somente na articulação do cotovelo.
- ☐ Flexione o cotovelo com uma posição neutra da mão até que a metade do dedo mínimo do haltere passe pela coxa e vá até a frente do corpo. Quando isso ocorrer, comece a supinar o antebraço (articulação radioulnar) e o punho, rotando externamente a mão.
- ☐ Mantenha a mesma posição corporal estacionária; não balance o corpo (i.e., não hiperestenda a coluna vertebral) nem eleve os ombros, hiperestenda o pescoço ou estenda os joelhos; tampouco eleve-se nas pontas dos pés na tentativa de ajudar a levantar o haltere.
- ☐ Continue flexionando o cotovelo e supinando o antebraço e o punho até que o haltere se aproxime da parte clavicular do deltoide com a palma voltada para cima. Se o cotovelo se projetar para a frente, na posição mais alta do haltere, é porque flexionou demais.

Movimento descendente

- ☐ Abaixe o haltere lenta e controladamente até a posição inicial, pronando o antebraço (articulação radioulnar) e o punho, mediante a rotação interna da mão. Prone o suficiente (e rápido o bastante) para permitir que o haltere passe pela parte externa da coxa, em uma posição neutra.
- ☐ Não flexione o tronco nem estenda os joelhos ou transfira o peso do corpo para as pontas dos pés.
- ☐ Mantenha o punho rígido e o braço imóvel contra a lateral do tronco.
- ☐ Mantenha a mesma posição corporal estacionária, com os pés planos no chão.
- ☐ Continue abaixando o haltere até que o cotovelo fique totalmente estendido, mas não forçosamente travado.
- ☐ O braço que está em repouso deve permanecer imóvel na lateral da coxa.
- ☐ Repita os movimentos ascendente e descendente com o outro braço. O braço já trabalhado deve permanecer imóvel até que o haltere na outra mão retorne à posição inicial. Continue alternando os braços para completar a série.
- ☐ Ao término da série, flexione lentamente os quadris e os joelhos na mesma velocidade (a fim de manter o tronco ereto) para agachar e retornar os halteres ao solo de forma controlada.

Rosca bíceps com halteres (neutra)

Posição inicial

☐ Agarre dois halteres de mesmo peso com uma empunhadura fechada e neutra.
☐ Observe as orientações sobre a posição corporal preparatória e o levantamento (ver Introdução), a fim de levantar os halteres do solo até uma posição próxima às coxas.
☐ Uma posição comum dos braços é suspendê-los nas laterais do tronco ou dos quadris, com as palmas voltadas para a parte externa das coxas.
☐ Afaste os pés na largura dos ombros ou dos quadris, com os joelhos levemente flexionados, o tronco ereto, os ombros para trás e o olhar para a frente.
☐ Permita que os halteres fiquem suspensos com a extensão total dos cotovelos. Todas as repetições partem dessa posição.

Movimento ascendente

☐ Comece o exercício levantando um haltere a partir da flexão do cotovelo e descrevendo um arco. O braço que não está sendo trabalhado deve permanecer imóvel na lateral da coxa (somente um braço é trabalhado por vez).

Posição inicial

Movimentos ascendente e descendente

☐ Mantenha o punho rígido e o braço imóvel contra a lateral do tronco durante a subida do haltere; não o deixe mover-se para a frente ou para fora. Nenhum movimento deve ocorrer no ombro, somente na articulação do cotovelo.
☐ O haltere permanece em uma posição neutra durante a subida.
☐ Mantenha a mesma posição corporal estacionária; não balance o corpo (i.e., não hiperestenda a coluna vertebral), eleve os ombros, hiperestenda o pescoço ou estenda os joelhos; tampouco eleve-se nas pontas dos pés na tentativa de ajudar a levantar o haltere.
☐ Continue flexionando o cotovelo até que a metade do polegar do haltere se aproxime da parte clavicular do deltoide, em uma posição neutra da mão. Se o cotovelo se projetar para a frente, na posição mais alta do haltere, é porque flexionou demais.

Movimento descendente

☐ Abaixe o haltere lenta e controladamente até a posição inicial, com a haste em uma posição neutra.
☐ Não flexione o tronco nem estenda os joelhos ou transfira o peso do corpo para as pontas dos pés.
☐ Mantenha o punho rígido e o braço imóvel contra a lateral do tronco.
☐ Mantenha a mesma posição corporal estacionária, com os pés planos no chão.
☐ Continue abaixando o haltere até que o cotovelo fique totalmente estendido, mas não forçosamente travado.
☐ O braço que está em repouso deve permanecer imóvel na lateral da coxa.
☐ Repita os movimentos ascendente e descendente com o outro braço. O braço já trabalhado deve permanecer imóvel até que o outro retorne à posição inicial. Continue alternando os braços até completar a série.
☐ Ao término da série, flexione lentamente os quadris e os joelhos na mesma velocidade (a fim de manter o tronco ereto) para agachar e retornar os halteres ao solo de forma controlada.

Rosca bíceps na roldana baixa (em equipamento)

Posição inicial

- [ ] Fique em pé, aproximadamente 46 cm à frente do equipamento de roldana baixa.
- [ ] Agarre a barra de forma equilibrada, com uma empunhadura fechada e supinada.
- [ ] Uma largura de empunhadura comum envolve posicionar as mãos na barra de forma que os braços toquem as laterais do tronco ou dos quadris.
- [ ] Afaste os pés na largura dos ombros ou dos quadris, com os joelhos levemente flexionados, o tronco ereto ou inclinado levemente para trás, os ombros para trás e o olhar para a frente.
- [ ] Permita que a barra fique suspensa com a extensão total dos cotovelos. As mãos e os antebraços ficarão ligeiramente à frente do corpo devido ao cabo do equipamento. Todas as repetições partem dessa posição.

Movimento ascendente

- [ ] Comece o exercício levantando a barra e descrevendo um arco a partir da flexão dos cotovelos.
- [ ] Mantenha os punhos rígidos e os braços imóveis contra as laterais do tronco durante a subida da barra; não permita que os braços se movam para a frente ou para fora. Nenhum movimento deve ocorrer nos ombros, somente na articulação dos cotovelos.

Posição inicial

Movimentos ascendente e descendente

- ☐ Mantenha a mesma posição corporal estacionária; não balance o corpo (i.e., não hiperestenda a coluna vertebral), tampouco eleve os ombros, hiperestenda o pescoço, estenda os joelhos ou eleve-se nas pontas dos pés na tentativa de ajudar a levantar a barra. O tronco deve ficar ereto ou inclinado ligeiramente para trás, a fim de manter o corpo em uma posição estável durante todo o exercício.
- ☐ Continue flexionando os cotovelos até que a barra se aproxime da parte clavicular do deltoide. Se os cotovelos se projetarem para a frente, na posição mais alta da barra, é porque flexionaram demais.

Movimento descendente

- ☐ Abaixe a barra lenta e controladamente até a posição inicial, estendendo os cotovelos. Na posição inferior, não balance a barra sobre as coxas nem flexione o tronco, estenda os joelhos ou transfira o peso do corpo para as pontas dos pés.
- ☐ Mantenha os punhos rígidos e os braços imóveis contra as laterais do tronco.
- ☐ Mantenha a mesma posição corporal estacionária com os pés planos no solo.
- ☐ Continue abaixando a barra até que os cotovelos fiquem totalmente estendidos, mas não forçosamente travados.
- ☐ Ao término da série, flexione lentamente os quadris e os joelhos na mesma velocidade (a fim de manter o tronco ereto) para agachar e retornar a barra ao solo de forma controlada.

Rosca bíceps (em equipamento)

Posição inicial

☐ Antes de executar este exercício, verifique a altura do assento e a posição do estofado para o peito e ajuste-os, a fim de permitir as seguintes condições:
- As coxas devem ficar aproximadamente paralelas ao solo (com os pés planos no solo ou nos apoios para os pés).
- O tronco deve ficar perpendicular ao solo ao sentar ereto, com o tronco contra o estofado para o peito.
- A parte inferior da região posterior dos braços e os cotovelos devem ficar pressionados contra o estofado para os braços.
- Os braços ficam aproximadamente alinhados com o eixo de rotação do equipamento.

☐ Sente-se ereto, com os pés planos no solo ou nos apoios para os pés, e pressione o tronco contra o estofado para o peito.

☐ Eleve o corpo e projete-o para a frente para alcançar os pega-mãos com uma empunhadura supinada e fechada e, então, reposicione o corpo para alcançar a posição, sentado com o tronco ereto.

☐ Os cotovelos devem ficar totalmente estendidos, os braços paralelos um ao outro e os cotovelos alinhados com o eixo de rotação do equipamento. Todas as repetições partem dessa posição.

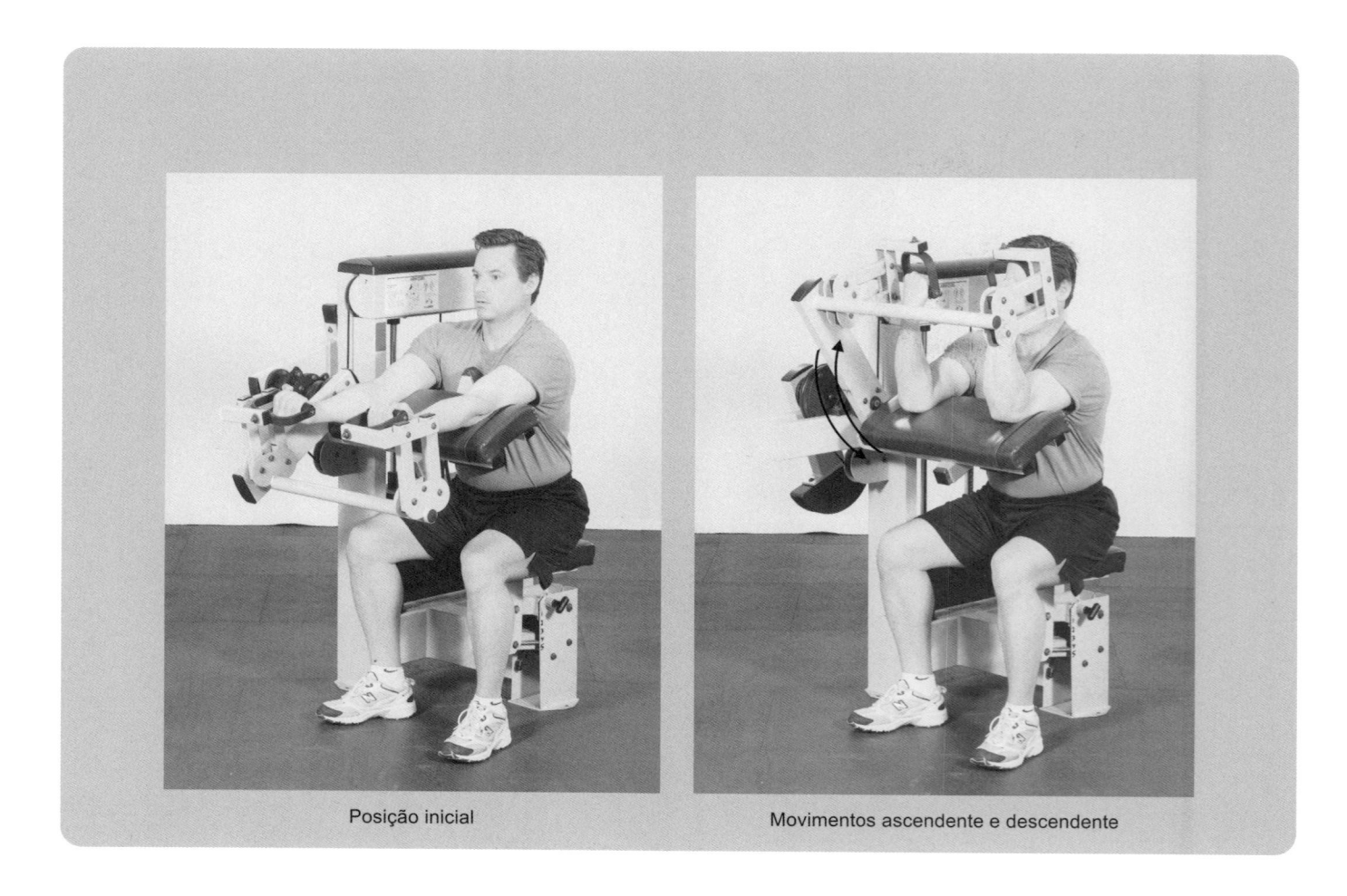

Posição inicial

Movimentos ascendente e descendente

Movimento ascendente

☐ Comece o exercício puxando os pega-mãos e descrevendo um arco a partir da flexão dos cotovelos.
☐ Mantenha os punhos rígidos e os braços imóveis contra o estofado para os braços durante a subida dos pega-mãos; não permita que os braços se movam para a frente ou para fora. Nenhum movimento deve ocorrer nos ombros, somente na articulação dos cotovelos.
☐ Mantenha a mesma posição corporal estacionária; não se incline rapidamente para trás na tentativa de ajudar a puxar os pega-mãos.
☐ Continue flexionando os cotovelos até que os pega-mãos se aproximem da parte clavicular do deltoide ou até que os cotovelos fiquem flexionados em aproximadamente 90º (dependendo do tipo de equipamento). Se os cotovelos se elevarem da almofada para os braços, na posição mais alta dos pega-mãos, é porque flexionaram demais.

Movimento descendente

☐ Permita que os pega-mãos se movam lenta e controladamente até a posição inicial. Não balance os antebraços na almofada para os braços, na posição inferior do movimento, nem eleve as nádegas do assento.
☐ Mantenha os punhos rígidos e os braços imóveis contra o estofado para os braços.
☐ Mantenha a mesma posição corporal estacionária, com os pés planos no solo.
☐ Continue abaixando os pega-mãos até que os cotovelos fiquem totalmente estendidos, mas não forçosamente travados.
☐ Ao término da série, eleve o corpo e projete-o para a frente a fim de alcançar e guiar os pega-mãos de volta à posição estacionária.

Exercícios (monoarticulares) para a região posterior do braço

REGIÃO SUPERIOR DO CORPO

DVD 2

Nome	Descrição da ação concêntrica	MÚSCULOS PREDOMINANTES ENVOLVIDOS	
		Grupo muscular ou região corporal	Músculos
✋ Rosca tríceps deitado com barra	Extensão dos cotovelos	Braços (parte posterior)	Tríceps braquial
✋ Rosca tríceps acima da cabeça sentado	Os mesmos da rosca tríceps deitado com barra		
Rosca tríceps (em equipamento)	Os mesmos da rosca tríceps deitado com barra		

✋ Denota um exercício que requer um auxiliar.

Rosca tríceps deitado com barra

Posição inicial: levantador

☐ Sente-se em uma extremidade de um banco reto e, então, recoste-se de forma que a cabeça repouse na outra extremidade do banco.
☐ Posicione a cabeça, os ombros, as nádegas e os pés, a fim de alcançar uma posição de contato corporal de cinco pontos:
  1. A cabeça posicionada firmemente no banco.
  2. Os ombros e a região dorsal posicionados firme e equilibradamente no banco.
  3. As nádegas em equilíbrio no banco.
  4. O pé direito plano no solo.
  5. O pé esquerdo plano no solo.
☐ Sinalize ao auxiliar para que erga a barra do solo.
☐ Agarre a barra com uma empunhadura fechada e pronada.
☐ Mova a barra até uma posição com os cotovelos estendidos acima do peito e os antebraços paralelos um ao outro. Rote externamente e levemente os braços de forma que os cotovelos apontem para longe do rosto (em direção aos joelhos).
☐ Todas as repetições partem dessa posição.

Posição inicial: auxiliar

☐ Fique em pé, na posição ereta, atrás da cabeça do levantador.
☐ Afaste os pés na largura dos ombros, com os joelhos ligeiramente flexionados.

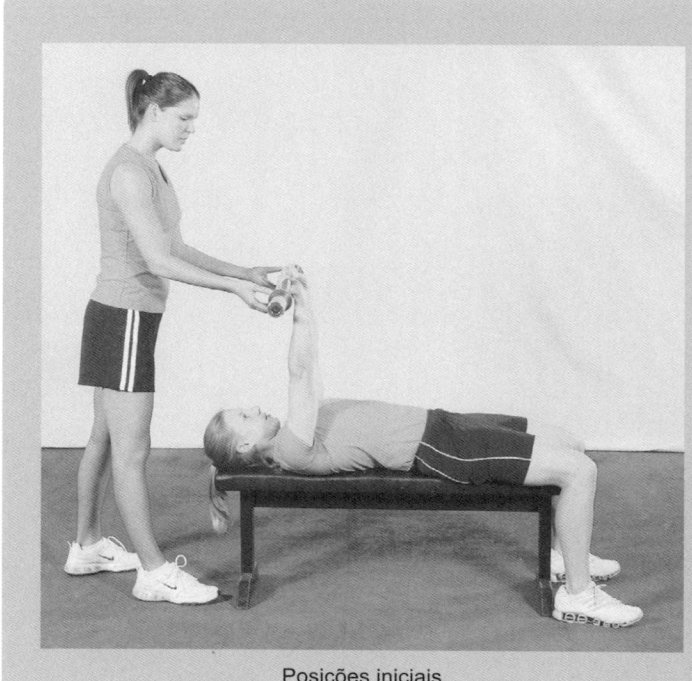

Posições iniciais

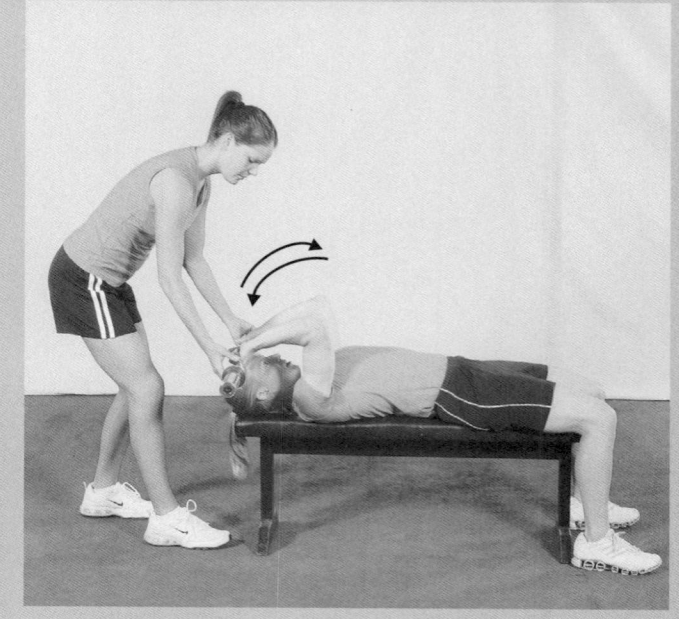

Movimentos descendente e ascendente

☐ Agarre a barra com uma empunhadura fechada e alternada.
☐ Entregue a barra ao levantador.
☐ Guie a barra até uma posição acima do peito do levantador.
☐ Solte a barra suavemente.

Movimento descendente: levantador

☐ Comece o exercício abaixando a barra lenta e controladamente, descrevendo um arco em direção ao nariz, aos olhos, à testa ou ao topo da cabeça, dependendo do comprimento dos braços. Levantadores com braços mais compridos abaixarão a barra em direção ao topo da cabeça; aqueles com braços mais curtos, em direção ao rosto.
☐ Mantenha os punhos rígidos e os braços perpendiculares ao solo e paralelos um ao outro. Nenhum movimento deve ocorrer na articulação dos ombros, somente nos cotovelos.
☐ Quando os cotovelos começarem a flexionar, devem apontar em direção aos pés (não lateralmente para fora).
☐ Continue abaixando a barra até ela quase tocar a cabeça ou os ombros na sua posição inferior.
☐ Mantenha a cabeça, o tronco, os quadris e os pés em uma posição de contato corporal de cinco pontos.

Movimento descendente: auxiliar

☐ Mantenha as mãos na posição de empunhadura supinada próximas à barra – mas sem tocá-la – durante a descida da mesma.

Posição mais baixa da barra
(sem mostrar o auxiliar)

☐ Flexione levemente os joelhos, os quadris e o tronco e mantenha as costas retas enquanto acompanha a barra.

Movimento ascendente: levantador

☐ Empurre a barra para cima, com controle, estendendo os cotovelos de volta à posição inicial. Nenhum movimento deve ocorrer na articulação dos ombros, somente nos cotovelos.
☐ Mantenha os braços e os cotovelos imóveis; eles não devem se mover para a frente ou para fora durante a subida da barra.
☐ Mantenha a mesma posição estacionária de contato corporal de cinco pontos; não arqueie a região lombar nem eleve os quadris ou empurre para cima com as pernas.
☐ Mantenha os punhos rígidos e os braços perpendiculares ao solo e paralelos um ao outro.
☐ Continue empurrando a barra até que os cotovelos fiquem totalmente estendidos, mas não forçosamente travados.
☐ Ao término da série, sinalize ao auxiliar para que pegue a barra, mas mantenha uma empunhadura firme até que ele adquira o total controle.

Movimento ascendente: auxiliar

☐ Mantenha as mãos na posição de empunhadura supinada, próximas à barra – mas sem tocá-la – durante a subida da mesma.
☐ Estenda levemente os joelhos, os quadris e o tronco e mantenha as costas retas enquanto acompanha a barra.
☐ Ao sinal do levantador, após o término da série, fique em pé e agarre a barra com uma empunhadura fechada e alternada, pegue-a do levantador e coloque-a no solo.

Rosca tríceps acima da cabeça sentado

Posição inicial: levantador

☐ Agarre a barra de forma equilibrada, com uma empunhadura fechada e pronada, mais estreita do que a largura dos ombros, porém não mais fechada do que uma posição em que os polegares, quando estendidos ao longo da barra, possam se tocar.
☐ Observe as orientações sobre a posição corporal preparatória e o levantamento (ver Introdução), a fim de levantar a barra do solo até a parte anterior das coxas.
☐ Sente-se na extremidade de um banco reto, posicione os pés planos no solo, moderadamente mais amplos do que a largura dos quadris, e fique ereto com os ombros perpendiculares ao banco e a cabeça em uma posição neutra.
☐ Mova a barra até a parte anterior dos ombros.
☐ Sinalize ao auxiliar para que o ajude a mover a barra até uma posição com os cotovelos estendidos acima da cabeça, com os braços próximos às orelhas, paralelos um ao outro e perpendiculares ao solo.
☐ Rote externa e levemente os braços de forma que os cotovelos apontem para fora do rosto. Todas as repetições partem dessa posição.

Posição inicial: auxiliar

☐ Fique em pé, na posição ereta, atrás e bem próximo do levantador. Isso exigirá que fique com as pernas abertas, uma de cada lado do banco.

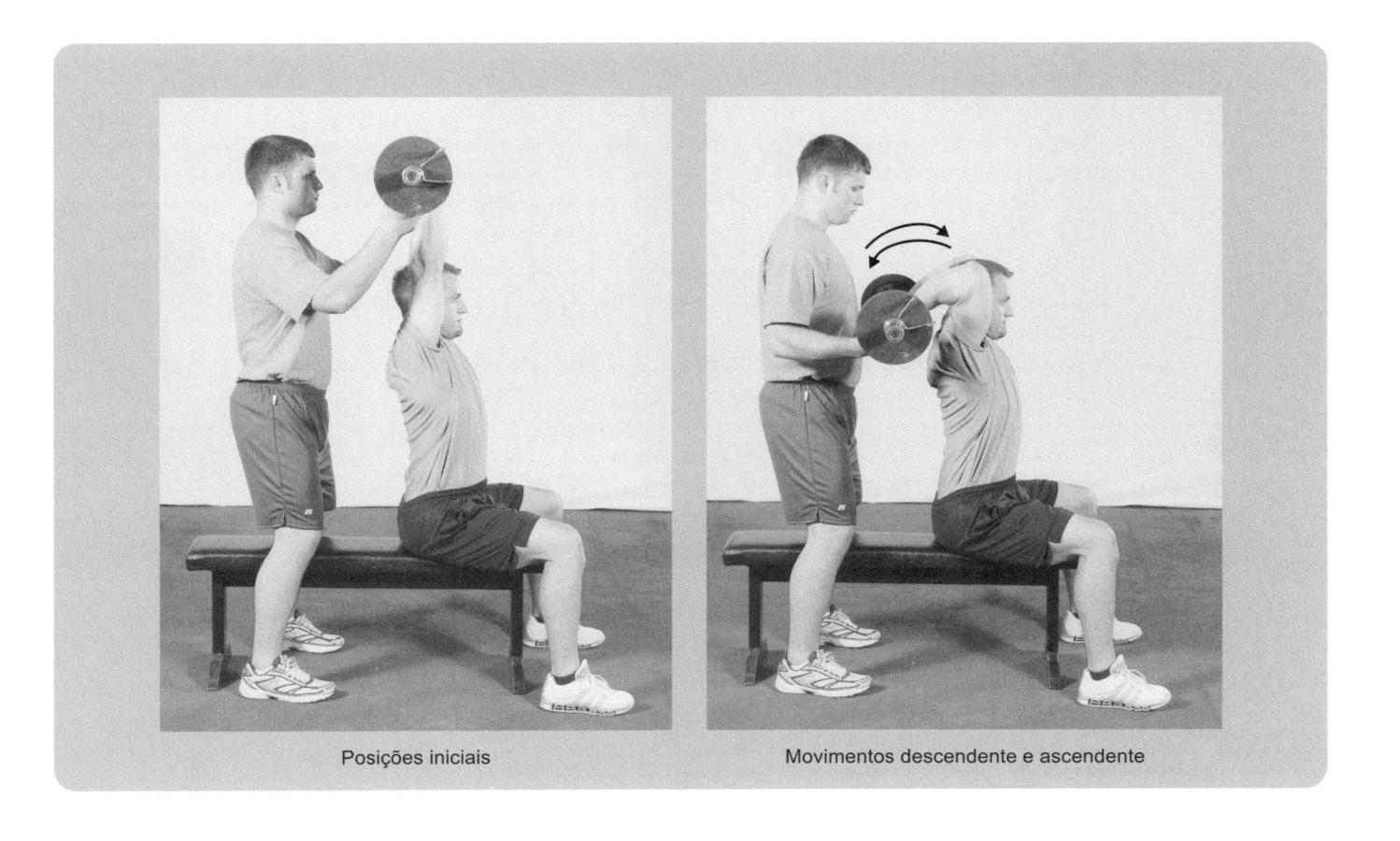

Posições iniciais

Movimentos descendente e ascendente

☐ Afaste os pés na largura dos ombros, com os joelhos ligeiramente flexionados.
☐ Agarre a barra com uma empunhadura fechada e supinada.
☐ Guie a barra até uma posição acima da cabeça do levantador.
☐ Solte a barra suavemente.

Movimento descendente: levantador

☐ Comece o exercício abaixando a barra lenta e controladamente e descrevendo um arco, trazendo-a para baixo, atrás da cabeça.
☐ Mantenha os punhos rígidos e os braços perpendiculares ao solo e paralelos um ao outro. Nenhum movimento deve ocorrer na articulação dos ombros, somente nos cotovelos.
☐ Quando os cotovelos começarem a flexionar, eles devem apontar para longe do rosto (não lateralmente).
☐ Continue abaixando a barra até ela quase tocar a base da cabeça ou do pescoço (dependendo do comprimento dos braços do levantador) na sua posição inferior.
☐ Mantenha a postura ereta, com os pés planos, sentado na extremidade do banco.

Movimento descendente: auxiliar

☐ Mantenha as mãos na posição de empunhadura supinada, próximas à barra – mas sem tocá-la – durante a descida da mesma.
☐ Mantenha os joelhos levemente flexionados e as costas retas enquanto acompanha a barra.

Movimento ascendente: levantador

☐ Empurre a barra para cima, com controle, estendendo os cotovelos de volta à posição inicial. Nenhum movimento deve ocorrer na articulação dos ombros, somente nos cotovelos.
☐ Mantenha os braços e os cotovelos imóveis; eles não devem se mover para a frente ou para fora durante a subida da barra.
☐ Mantenha a mesma posição corporal estacionária; não mova a cabeça, o corpo ou os pés durante a subida da barra.
☐ Mantenha os punhos rígidos e os braços perpendiculares ao solo e paralelos um ao outro.
☐ Continue empurrando a barra até que os cotovelos fiquem totalmente estendidos, mas não forçosamente travados.
☐ Ao término da série, sinalize ao auxiliar para que pegue a barra, mas mantenha uma empunhadura firme até que ele adquira o total controle.

Movimento ascendente: auxiliar

☐ Mantenha as mãos na posição de empunhadura supinada, próximas à barra – mas sem tocá-la – durante a subida da mesma.
☐ Mantenha os joelhos levemente flexionados e as costas retas enquanto acompanha a barra.
☐ Ao sinal do levantador, após o término da série, agarre a barra com uma empunhadura fechada e supinada, pegue-a do levantador e coloque-a sobre o banco ou no solo.

Rosca tríceps (em equipamento)

Posição inicial

☐ Fique em pé, abaixo da roldana alta do equipamento, com o tronco ereto, os ombros para trás, as costas contra o encosto estofado (se houver), a cabeça em uma posição neutra e o olhar para a frente.
☐ Agarre a barra de forma equilibrada, com uma empunhadura fechada e pronada, com a largura aproximada de 15 a 30 cm. (Vários tipos de barra podem ser utilizados para este exercício; o mais comum é uma barra reta de 46 cm.)
☐ A largura de empunhadura mínima recomendada é fechada o suficiente para que as pontas dos polegares se toquem ao serem estendidos ao longo da barra. A distância máxima é aquela em que os antebraços ficam paralelos um ao outro.
☐ Afaste os pés na largura dos ombros ou dos quadris, com os joelhos levemente flexionados e o tronco ereto.
☐ Puxe a barra para baixo para posicionar os braços e os cotovelos contra as laterais do tronco, com os antebraços paralelos ao solo (ou levemente acima dessa linha). Não incline para a frente nem rote a cabeça para aproximar uma orelha do cabo; em vez disso, mantenha a cabeça em uma posição neutra, com o cabo diretamente em frente ao nariz. O corpo deve ficar próximo o suficiente do equipamento, de forma que o cabo fique suspenso quase perpendicularmente ao solo quando a barra é agarrada e mantida na posição inicial.

Posição inicial | Movimentos descendente e ascendente

☐ Mantenha os ombros para trás, os braços e os cotovelos pressionados contra as laterais do tronco e os músculos abdominais levemente contraídos. A carga selecionada deve ser suspensa acima da pilha de pesos restante. Todas as repetições partem dessa posição.

Movimento descendente

☐ Comece o exercício empurrando a barra para baixo, a partir da extensão dos cotovelos.
☐ Mantenha os punhos rígidos e os braços perpendiculares ao solo e pressionados contra as laterais do tronco. Nenhum movimento deve ocorrer na articulação dos ombros, somente nos cotovelos.
☐ Continue empurrando a barra até que os cotovelos fiquem totalmente estendidos, mas não forçosamente travados.
☐ Mantenha o tronco ereto e os joelhos levemente flexionados; não se abaixe levemente nem se incline para a frente, tampouco projete os cotovelos para trás ou mova o cabo para a direita ou para a esquerda a fim de ajudar a empurrar a barra para baixo.

Movimento ascendente

☐ Guie a barra lenta e controladamente de volta à posição inicial; não permita que ela puxe os braços em um solavanco.
☐ Mantenha os braços e os cotovelos imóveis; eles não devem se mover para a frente ou para fora durante a subida da barra.
☐ Mantenha a mesma posição corporal estacionária; não mova a cabeça, o tronco ou os pés durante a subida da barra.
☐ Mantenha os punhos rígidos e os braços perpendiculares ao solo e pressionados contra as laterais do tronco.
☐ Continue a guiar a barra para cima até que os antebraços fiquem paralelos ao solo (ou levemente mais altos do que essa linha).
☐ Ao término da série, guie lenta e controladamente a barra até sua posição estacionária.

Exercícios (monoarticulares) para os antebraços

REGIÃO SUPERIOR DO CORPO

DVD 2

Nome	Descrição da ação concêntrica	MÚSCULOS PREDOMINANTES ENVOLVIDOS	
		Grupo muscular ou região corporal	Músculos
Rosca punho direita	Flexão dos punhos	Antebraços	Flexor radial do carpo Flexor ulnar do carpo Palmar longo
Rosca punho invertida	Extensão dos punhos	Antebraços	Extensor radial curto do carpo Extensor radial longo do carpo Extensor ulnar do carpo

Rosca punho direta

Posição inicial

☐ Agarre a barra de forma equilibrada, com uma empunhadura fechada e supinada, na largura de 20 a 30 cm.
☐ Observe as orientações sobre a posição corporal preparatória e o levantamento (ver Introdução), a fim de levantar a barra do solo até a parte anterior das coxas.
☐ Sente-se na extremidade de um banco reto e afaste os pés na largura dos quadris, com as pernas paralelas uma à outra e os pés apontados para a frente. Incline o tronco para a frente a fim de posicionar os cotovelos e os antebraços no topo das coxas.
☐ Mova os antebraços para a frente até que os punhos se estendam um pouco mais adiante das patelas.
☐ Abra as mãos, permita que os punhos se estendam a fim de repousar as costas das mãos nas patelas, e enrole a barra para baixo de forma que ela seja segurada com os dedos "enrolados" para cima (flexionados). Todas as repetições partem dessa posição.

Movimento ascendente

☐ Comece o exercício levantando a barra a partir da flexão dos dedos, e, depois, dos punhos.

Posição inicial

Movimentos ascendente e descendente

- ☐ Mantenha os cotovelos e os antebraços imóveis; não lance os ombros para trás nem se eleve nas pontas dos pés na tentativa de ajudar a levantar a barra.
- ☐ Continue flexionando os punhos o máximo de tempo possível, sem elevar os punhos das coxas.

Movimento descendente

- ☐ Abaixe a barra lenta e controladamente até a posição inicial. Não eleve os cotovelos das coxas.
- ☐ Mantenha a mesma posição corporal estacionária e a posição dos braços, com os pés planos no solo.
- ☐ Ao término da série, eleve os antebraços e incline-se lentamente para a frente, a fim de retornar a barra ao solo de forma controlada.

Rosca punho invertida

Posição inicial

☐ Agarre a barra de forma equilibrada, com uma empunhadura fechada e pronada, na largura de 20 a 30 cm.
☐ Observe as orientações sobre a posição corporal preparatória e o levantamento (ver Introdução), a fim de levantar a barra do solo até a parte anterior das coxas.
☐ Sente-se na extremidade de um banco reto e afaste os pés na largura dos quadris, com as pernas paralelas uma à outra e os pés apontados para a frente. Incline o tronco para a frente, a fim de posicionar os cotovelos e os antebraços no topo das coxas.
☐ Mova os antebraços para a frente até que os punhos se estendam um pouco mais adiante das patelas.
☐ Matenha uma empunhadura fechada na barra, mas permita que os punhos flexionem totalmente, a fim de repousar a parte dianteira das mãos (as articulações) nas patelas. Todas as repetições partem dessa posição.

Movimento ascendente

☐ Comece o exercício levantando a barra a partir da extensão dos punhos.

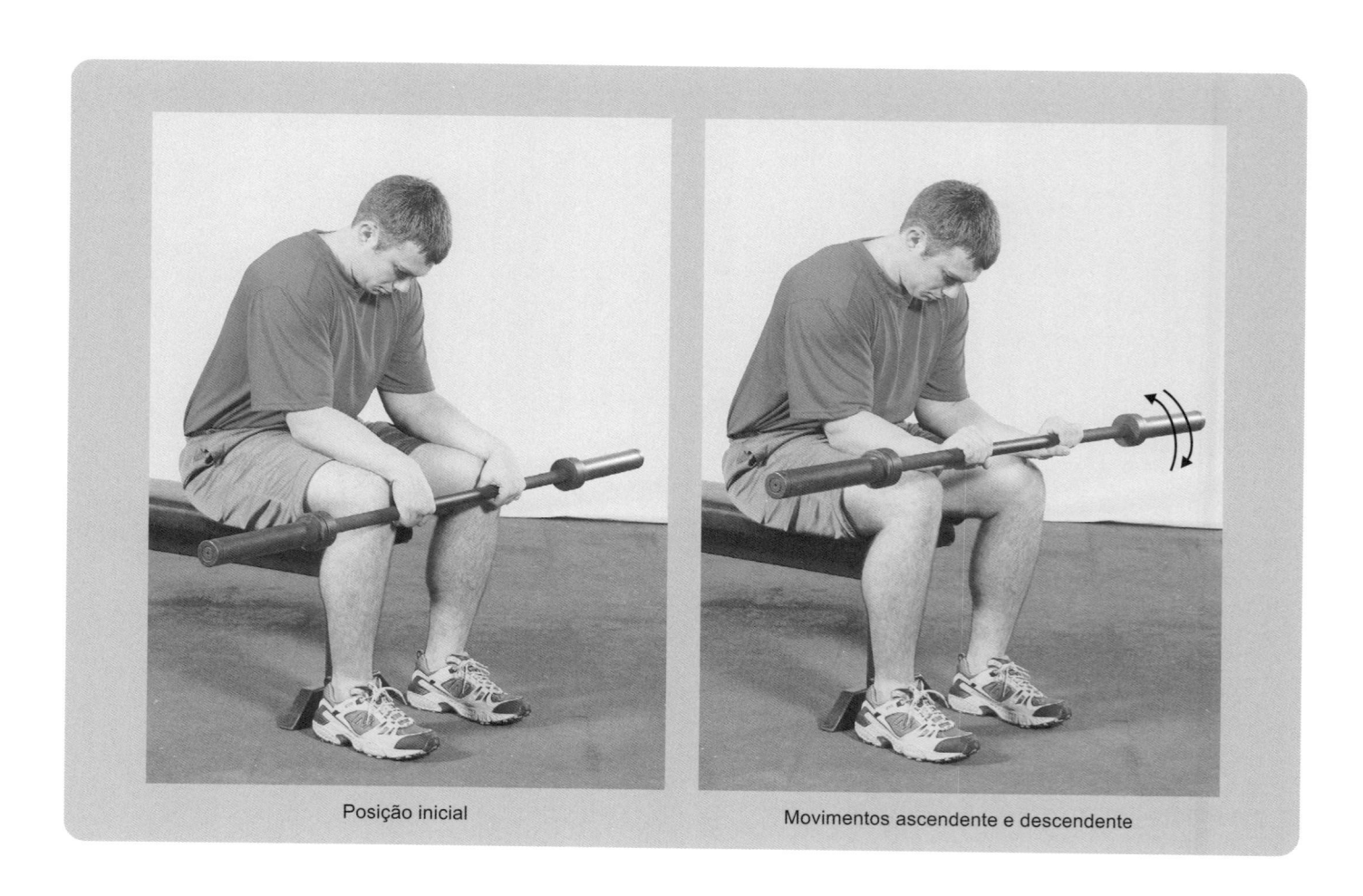

Posição inicial

Movimentos ascendente e descendente

- ☐ Mantenha os cotovelos e os antebraços imóveis; não lance os ombros para trás nem se eleve nas pontas dos pés na tentativa de ajudar a levantar a barra.
- ☐ Continue estendendo os punhos o máximo de tempo possível, sem elevar os punhos das coxas.

Movimento descendente

- ☐ Abaixe a barra lenta e controladamente até a posição inicial. Não eleve os cotovelos das coxas.
- ☐ Mantenha a mesma posição corporal estacionária e a posição dos braços, com os pés planos no solo.
- ☐ Ao término da série, eleve os antebraços e incline-se lentamente para a frente, a fim de retornar a barra ao solo de forma controlada.

ABDOME

Exercícios abdominais

ABDOME

DVD 2

Nome	Descrição da ação concêntrica	MÚSCULOS PREDOMINANTES ENVOLVIDOS	
		Grupo muscular ou região corporal	Músculos
Abdominais com os joelhos flexionados	Flexão do tronco	Abdome	Reto do abdome
Abdominais parciais	Flexão do tronco	Abdome	Reto do abdome

Abdominais com os joelhos flexionados

Posição inicial

☐ Coloque-se em decúbito dorsal em uma esteira, em um colchonete ou no solo.
☐ Flexione os joelhos, em aproximadamente 90º, e os quadris, em aproximadamente 45º, para posicionar os pés planos na esteira, com os calcanhares próximos às nádegas. As coxas, os joelhos e os pés devem ficar próximos uns aos outros.
☐ Cruze os braços sobre o peito ou abdome. Todas as repetições partem dessa posição.

Movimento ascendente

☐ Comece o exercício flexionando o pescoço para aproximar o queixo da região superior do peito (mas sem tocá-la), depois enrole o tronco para elevar a região dorsal da esteira.
☐ Mantenha a região lombar imóvel e os braços cruzados sobre o peito. Não eleve os pés da esteira durante a subida da região dorsal.
☐ Continue enrolando o tronco em direção às coxas até a região dorsal se elevar da esteira e os cotovelos apontarem em direção às coxas.

Movimento descendente

☐ Desenrole o tronco e, depois, estenda o pescoço lenta e controladamente de volta à posição inicial. Não eleve as nádegas da esteira tentando dar impulsão para a repetição seguinte.
☐ Mantenha a região lombar imóvel e os braços cruzados sobre o peito.

Posição inicial

Movimentos ascendente e descendente

Abdominais parciais

Posição inicial

☐ Coloque-se em decúbito dorsal em uma esteira, em um colchonete ou no solo.
☐ Coloque os pés sobre um banco, com os quadris e os joelhos flexionados em aproximadamente 90º. As coxas, os joelhos e os pés devem ficar próximos uns dos outros.
☐ Cruze os braços sobre o peito ou sobre o abdome. Todas as repetições partem dessa posição.

Movimento ascendente

☐ Comece o exercício flexionando o pescoço para aproximar o queixo da região superior do peito (mas sem tocá-la) e, depois, enrole o tronco para elevar a região dorsal da esteira.
☐ Mantenha a região lombar imóvel e os braços cruzados sobre o peito. Não eleve os pés do banco durante a subida da região dorsal.
☐ Continue enrolando o tronco em direção às coxas até a região dorsal se elevar da esteira e os cotovelos apontarem em direção às coxas.

Movimento descendente

☐ Desenrole o tronco e, depois, estenda o pescoço lenta e controladamente de volta à posição inicial. Não eleve as nádegas da esteira tentando dar impulsão para a repetição seguinte.
☐ Mantenha a região lombar imóvel e os braços cruzados sobre o peito.

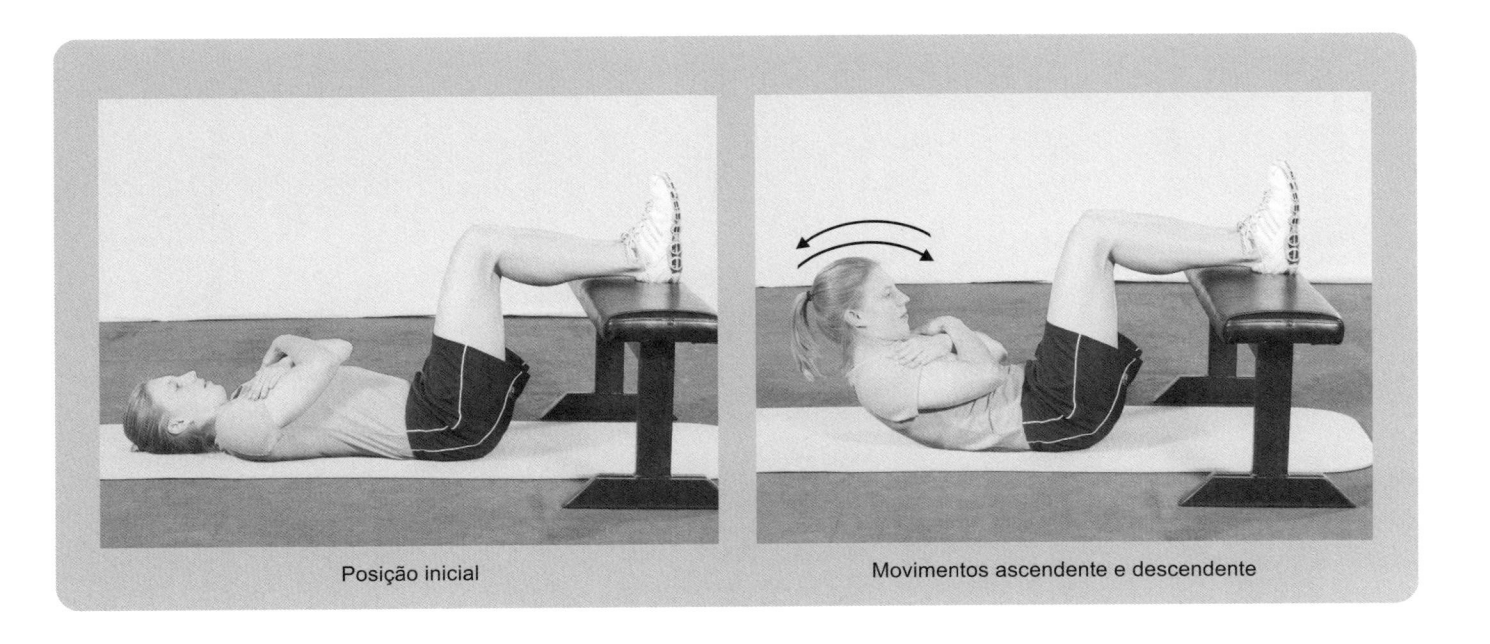

Posição inicial

Movimentos ascendente e descendente

www.graficametropole.com.br
tel./fax + 55 (51) 3318.6355

Gráfica
METRÓPOLE

www.graficametropole.com.br
comercial@graficametropole.com.br
tel./fax + 55 (51) 3318.6355